EL ANHELO DE MI CORAZÓN

T0321503

Aquí tiene el secreto de una vida llena de gozo y victoria.
El Padre sigue buscando verdaderos adoradores, y usted puede ser uno de ellos.

PASTOR JIM CYMBALA, BROOKLYN TABERNACLE
Autor de *Fuego vivo, viento fresco*

EL ANHELO DE MI CORAZÓN

VIVA CADA MOMENTO *en la* MARAVILLA *de la* ADORACIÓN

DAVID JEREMIAH

GRUPO NELSON
Desde 1798

Traducción: *Pedro Vega*
Edición: *Rojas & Rojas Editores, Inc.*
Diseño de cubierta por: *The Office of Bill Chiaravalle*
Fotografía de cubierta por: *Digital Vision*

ISBN: 978-0-71808-458-5

Impreso en Estados Unidos de América
Printed in The United States of America

15 16 17 18 19 20 ❖ 9 8 7 6 5 4 3 2 1

CONTENIDO

Reconocimientos   ix

1. *Una visión del trono*   3

2. *¿Se ha maravillado alguna vez?*   11

3. *¿Dónde establece su hogar un rey?*   25

4. *Un templo sobre ruedas*   35

5. *Los sabios porqués de la adoración*   51

6. *Todo o nada*   65

7. *Esta tierra bendita*   79

8. *El idioma de los ángeles*   93

9. *Que el cielo y la naturaleza canten*   109

10. *¡Esto significa guerra!*   125

11. *Extrañas pero ciertas historias de adoración*   137

12. *Adoración en la oscuridad*   151

13. *Conocimiento y confianza*   165

14. *En la puerta de la eternidad* 179

15. *Perspectiva eterna* 193

16. *Me maravillo mientras camino* 207

   Notas 211

DEDICATORIA

¡A mi Señor y Salvador Jesucristo,
el único digno de recibir
la gloria, el honor, el poder, las riquezas,
la sabiduría, la fortaleza y la alabanza:
al que se sienta en el trono, y al Cordero,
por los siglos de los siglos!

—APOCALIPSIS 4–5

RECONOCIMIENTOS

AL PUBLICAR ESTE LIBRO, Donna y yo hemos cumplido veinte años de ministerio en la Iglesia Shadow Mountain Community. Han sido años maravillosos de servicio al Señor y de ministrarle a una congregación muy gentil. Cada domingo que se reúne la iglesia me llena una sensación de expectativa mientras espero el período de adoración como iglesia. A través de los años hemos disfrutado de impresionantes momentos al sentir la maravillosa presencia del Señor en nuestro medio. Adorar a Dios como cuerpo de creyentes es uno de los privilegios especiales que ha concedido a sus hijos.

Pero este libro no es principalmente sobre el culto congregacional. *El anhelo de mi corazón* es sobre la adoración personal... la adoración cara a cara, con el Dios Todopoderoso. La adoración jamás fue concebida como una actividad dominical. Dios no busca iglesias que le adoren, busca individuos que le adoren. Cuando la adoración se convierte en nuestro estilo de vida, descubrimos que el tiempo que pasamos reunidos con la familia de Dios adquiere un sentido más profundo. En otras palabras, la adoración no es una experiencia de una hora una vez por semana. Es una relación con Dios cada momento que dura toda la semana.

Sigo creciendo en la comprensión de lo que significa vivir cada momento la maravilla de la adoración. Estoy muy agradecido a los que me ayudaron a organizar las ideas sobre este libro. Steve y Susan Caudill se unieron a nuestro personal hace más de una década. Juntos nos han dirigido en la adoración de Dios cada domingo. Hemos pasado muchas horas conversando acerca de la adoración y buscamos de todo corazón dirigir a nuestra congregación a la presencia de Dios en el Día del Señor. Gracias, Steve y Susan, por su compromiso con la excelencia que merece este ministerio, por su fidelidad a Dios y su deseo de hacer que la adoración sea el deseo del corazón de cada uno de nosotros.

Rob Suggs es el escritor-editor que me ayudó para que mis pensamientos adquirieran vida. Entiende mi corazón y tiene la capacidad de tomar mis palabras y hacerlas más frescas y brillantes. ¡Siempre espero que pueda seguir trabajando con Rob, y espero que sea mi socio en muchos libros en el porvenir!

Sealy Yates y yo hemos sido grandes amigos durante muchos años y una docena de libros. Como mi agente literario, me representa ante nuestros publicadores y menciona regularmente mi nombre delante del Señor. Se preocupa por mí y por la obra que Dios me ha llamado a realizar. ¡Todo pastor necesita alguien como Sealy en su vida!

Como mi asistente administrativa, Carrie Mann ha manejado todas las conferencias telefónicas y reuniones que me ayudaron a llevar a término este proyecto. Dianne Stark y Barbara Boucher leyeron el manuscrito e hicieron valiosas sugerencias. Helen Barnhart fue de gran ayuda en la localización de las referencias bibliográficas. ¡Gracias, damas, por su diligente ayuda!

También deseo expresar mi aprecio a Joey Paul y Byron Williamson por animarme a poner por escrito mis ideas sobre la adoración. En todo este proyecto hemos pasado horas de interacción sobre *El anhelo de mi corazón*, y aprecio el espíritu de trabajo en equipo que en todo momento manifestaron. Gracias Joey y Byron, por permitirme escribir uno de los primeros libros publicados por Integrity.

Finalmente quiero expresar mi más profundo aprecio a mi esposa Donna. Sin su estímulo, nunca habría escrito el primer libro. Uno de mis más grandes tesoros ha sido nuestra participación en todo lo que Dios ha hecho y hace en nuestra vida. Juntos estamos orando para que Dios use *El anhelo de mi corazón* para llevar bendición a muchas vidas y pueda glorificar el nombre de nuestro Salvador.

—DAVID JEREMIAH
San Diego, California

1

Una visión del trono

UNO

Una visión del trono

E L CORAZÓN NOS LATE CON FUERZA mientras las grandes puertas se abren delante de nosotros: las puertas donde la tierra queda atrás y comienzan los cielos. Casi con febril anhelo usted y yo entramos a la gran sala, e inmediatamente nos vence todo lo que yace delante de nuestros sentidos.

No hay ojo que haya visto tan resplandeciente magnificencia; no hay oído que haya escuchado una música igual. En el mundo mortal no hay arte ni edificios que pudieran habernos preparado para esto. No podemos hablar ni siquiera permitir que nuestros ojos debilitados por el mundo se maravillen de la gloria que llena la sala del trono del Rey de la creación. Sin que nos demos cuenta, grandes lágrimas corren por nuestras mejillas.

El techo de la sala es demasiado alto para lograr verlo; se levanta majestuoso hasta los más lejanos confines de lo infinito. Las paredes resplandecen con la tapicería viva de las obras poderosas del Rey a lo largo de las edades. Y los ángeles nos rodean como encarnaciones de luz y canto, y elevan alabanzas al Nombre que es sobre todo nombre. El aire que respiramos tiene el dulce sabor del paraíso y nos inunda un intenso gozo totalmente indescriptible. Pero todas estas cosas llevan a nuestros ojos hacia el trono, porque el Rey mismo está allí.

Nuestros ojos no están aptos para contemplar su gloria. Pero miramos la mano que formó el contorno de cada planeta y colocó las estrellas en el espacio, la mano que trajo luz de las tinieblas y que produjo orden a partir del caos. Algo cruje en su mano: un documento de edad inconcebible. El rollo resplandece con la luz de la sabiduría y la providencia, y está sellado, no una, sino siete veces. Aquí, en la mano del Padre, está el título de propiedad de la tierra.

El libro bíblico de Apocalipsis describe este rollo y su serie de sellos. A lo largo de los capítulos de este libro, se desatan uno por uno los sellos como asunto final de los tiempos, los detalles finales del plan de Dios que dan su fruto final. Juicio e ira aparecen en la apertura de los sellos; redención y victoria, también. A medida que cada sello se abre, cada pregunta halla respuesta. Todo enigma queda para siempre resuelto. Por esa razón, los ojos de centenares de millones de almas observan atentamente.

¿Mencioné a los centenares de millones? Esta sala se encuentra fuera de las esferas creadas del tiempo y el espacio. Aquí la historia y la proximidad son irrelevantes. Por eso es que la multitud está de pie con nosotros en esta sala. De todas las épocas y de cada territorio, han llegado a ver el decreto final junto al trono.

Pero hay un alma que ha dado un paso al frente, y sabemos al instante quién es: Juan el apóstol, transportado por medio de una visión en la Isla de Patmos. Está presente para observar y escribir las profecías que se convertirán en el libro final de la Biblia, el que llamamos Apocalipsis (o Revelación). Juan es el mensajero, el reportero. Él, usted y yo y toda la multitud de millones de testigos, estamos de pie en la escena narrada en el quinto capítulo del libro.

Ahora un ángel se presenta ante nosotros. Clama, con una poderosa voz, un mensaje para la multitud reunida: «¿Quién es digno de abrir el libro», pregunta, «y de desatar los sellos?» ¿Es nuestra imaginación o la gran muchedumbre retrocede en un solo movimiento? Tras la pregunta del ángel todos los ojos miran hacia el suelo. Por primera vez se puede sentir un espíritu de tristeza, porque nadie se encuentra digno de aceptar la invitación a desatar los sellos. De pronto hallamos que, como Juan, el discípulo amado de Jesús, nosotros también lloramos sin consuelo. Se nos recuerdan cosas que más bien no consideramos: las manchas e imperfecciones que nos hace ineptos para conocer el gozo inefable de la perfecta comunión con el Padre.

En este rollo, el que no nos atrevemos a tocar, está el plan final según el cual Jesús tendrá el dominio definitivo de la tierra. Este es el cuadro del mundo con Jesús como Rey de reyes y Señor de señores. He aquí el juicio que, de manera final e irrevocable, se derramará sobre los malos que le han rechazado. ¿Cómo no vamos a estar ansiosos por la revelación de tal documento? ¿Nadie es digno de dar un paso al frente para abrir el rollo? Seguimos llorando amargamente. En el momento siguiente, oiremos una voz de consuelo por sobre nuestras espaldas. Como veremos, podemos enjugar las lágrimas, porque hay esperanza.

Más adelante en nuestro viaje, regresaremos a esta sala una vez más para presenciar el final de la historia. Veremos quién puede abrir el rollo y las consecuencias para usted y para mí. Pero por ahora, detengamos el desarrollo de la escena en nuestra mente, escena en la hermosa sala del trono donde se sienta el Padre y donde nos invita a entrar y a participar en la gran aventura. No importa lo indignos que seamos, Él nos mira, sonríe y nos exhorta a acudir y ayudar en el logro de su gran plan para este mundo. Nosotros solo podemos mirar hacia nuestros pies. Solo podemos alejarnos incómodos y sentir un gran arrepentimiento.

¿Puede usted identificarse con esa escena? Se puede simbolizar en un libro de profecía compleja e intensa, pero creo que es un cuadro de la vida que muchos de nosotros llevamos cada día. Todos sentimos el vacío en nuestro corazón y la invitación a caminar profundamente con Dios, a entrar muy confiadamente en su presencia. Queremos adorar en espíritu y en verdad, como Jesús dijo. Queremos ese gozo y ese júbilo. Queremos identificarnos con el señorío de Cristo sobre este mundo, con todos sus problemas y todas sus tinieblas.

Entonces, ¿qué nos impide saltar al frente y correr a sus brazos? ¿Qué nos retiene para no adorarle ni alabarle en medio de la vida?

Espero que en este libro usted y yo exploremos en forma completa la respuesta a esa pregunta. Si ha anhelado conocer mejor a Dios, adorarle con todo su corazón, disfrutar de su presencia sin que importen las circunstancias de la vida, espero que este libro le señale el camino para ese estilo de vida. Si usted es nuevo en el Reino de Dios, mi oración es que este libro sea la cartilla que lo lleve a dar los primeros pasos hacia una vida en que la adoración sea su estilo. Si usted ya tiene experiencia y conocimiento de las realidades espirituales, espero que este libro reviva el gozo que tuvo al principio y que pudiera haber perdido a lo largo de los años, así como sentir el anhelo de ver el rostro de Dios. Y si usted, como la mayoría, se encuentra en algún punto intermedio, nuestro viaje es ciertamente para darle un nuevo y fresco entendimiento de lo que significa presentarse a Dios cada día con el corazón lleno de alabanza.

Así que prepárese para un viaje de fe, descubrimientos y maravillas. Nos conducirá a muchos destinos, desde el culto de adoración hasta el lugar de trabajo; desde lo terrenal a lo celestial. No menos importante, espero que le conduzca a un reencuentro consigo mismo, con sus motivaciones y su potencial como hijo de Dios. ¿Está dispuesto? Comencemos ahora con los ojos abiertos y un espíritu ansioso, de modo que cuando volvamos a esa sala donde la tierra da paso a la eternidad, nada haya sino gozo al fijarnos en los ojos del Padre. No habrá llanto sino risa solamente. Y cuando nos invite a entrar, estaremos preparados para regocijarnos en aquello para lo que fuimos creados: conocer y amar a Dios como Él nos amó primero.

2

¿Se ha maravillado alguna vez?

DOS

¿Se ha maravillado alguna vez?

EL PROGRAMA ESPACIAL ESTADOUNIDENSE lanzó nuestra imaginación al espacio cuando el primer hombre pisó suelo lunar. ¿Lo recuerda? Una historia de la fascinación del programa espacial ocurrió durante los últimos días de los vuelos Apolo. Jacob Needleman era uno de los reporteros reunidos para cubrir el lanzamiento del Apolo 17 en 1975.

El lanzamiento estaba anunciado para la noche y los reporteros hicieron de ello un acto social. Se paseaban sobre el césped de la sección de periodistas, donde había refrescos en mesas de picnic. Comían, bebían y contaban los chistes acostumbrados, impregnados de sarcasmos. Así son los reporteros, quienes diariamente ven e informan los peores acontecimientos del mundo.

Finalmente llegó el momento en que el gran cohete Atlas, una torre de treinta y cinco pisos de poder, habría de internarse en los cielos. Primero la acostumbrada cuenta regresiva y luego el lanzamiento. Según el relato de Needleman en el libro de Bill Moyers, *A World of Ideas II*, los periodistas repentinamente quedaron cegados por un amplio campo de luz anaranjada. Sus ojos apenas podían soportar la intensidad. Luego,

11

en un silencio aturdidor —dado que el sonido vuela a menor velocidad que la luz— el gran cohete tronó en la bóveda celeste de la noche. Las ondas sonoras llegaron segundos más tarde con toda la fuerza de un cataclismo que hizo vibrar los huesos de los reporteros. Sintieron que los dedos de los pies vibraban junto con la tierra.

El cohete viajó cada vez más alto, luego más arriba mientras la primera etapa se consumía con una espectacular llama azul. Parecía haberse convertido en una estrella, que conducía a tres hombres a la gloria. Y luego, todo había desaparecido, desvanecido en la periferia de la atmósfera y en la profundidad del espacio. La prensa calló. Las interrumpidas bromas murieron en los labios de los reporteros, que no las volvieron a recordar. Needleman vio los ojos de los hombres llenos de luz, las bocas completamente abiertas, los rostros encendidos por el resplandor interno de lo maravillados que estaban.

Más sorprendente era la visión de un grupo endurecido de dudosos periodistas cuyo semblante parecía haber cambiado. Los nervios dejaron de simular; las sonrisas eran ya auténticas y gentiles. La conversación era tranquila y reverente. Los hombres se ayudaban entre sí con sus sillas y cuadernos. Solo por un momento en el tiempo, se había apoderado de ellos un temor reverente que cambió sus patrones de conducta.[1]

Tales momentos son muy escasos en la noche oscura de estos tiempos. En una era de maravillas verdaderas llena de naves espaciales, Internet, y microchips —todos inventos asombrosos que nuestros abuelos nunca hubieran previsto— hemos llegado a ser una generación que se caracteriza, no por la reverencia, sino por la mordacidad y el vano nihilismo. Eso en sí es una maravilla; porque, ¿cómo podemos nosotros, que hemos visto tantas maravillas nuevas, hallarnos tan vacíos espiritualmente y ser incapaces de maravillarnos?

Me maravillo...

MARAVILLADOS EN LA LOCURA

El siglo veinte comenzó con el anuncio de una futura utopía que se aproximaba. Los triunfos de la ciencia y la industria ciertamente traerían una nueva prosperidad, nuevas capacidades y nuevas respuestas a problemas antiguos. Hasta la Primera Guerra Mundial fue catalogada como «La guerra que pondrá fin a las guerras» y popularmente se consideraba como una forma más civilizada del conflicto final del mundo. El siglo veinte comenzó con la maravilla de la lámpara incandescente, pero nos dejó con la explosión de la destrucción masiva.

En algún punto del camino descubrimos que la utopía es engañosa. Las guerras se hicieron espantosas; la tecnología no se usó para remediar, sino para nuevas crisis provocadas por el hombre. El momento de transición entre el «siglo del progreso» y lo que tenemos por delante en el nuevo milenio ocurrió el 11 de septiembre de 2001. Dos de las torres de mayor magnificencia en el mundo, símbolos de sofisticación y del libre comercio mundial, se vieron atacadas salvajemente por las fuerzas de un odio primitivo. Al ver las imágenes de personas que se lanzaban, y al oír de los miles que perecieron en medio del acero y el concreto que se colapsaba, sentíamos todo menos admiración. Sentimos escalofríos por un horror y un pavor que estaba más allá de lo que hubiéramos podido imaginar con anterioridad. Nos preguntábamos si podríamos volver a vivir sin un temor constante.

Muchos somos los que vivimos en ciudades donde la puesta del sol y el horizonte montañoso se han convertido en recuerdos distantes. Las majestuosas estrellas están bloqueadas por la niebla humeante de la industria. Así como nuestra capacidad ha crecido exponencialmente, nuestra capacidad de maravillarnos parece haberse marchitado. Hace un siglo, G. K. Chesterton escribió: «El mundo no está escaso de maravillas, sino de la capacidad de maravillarse».

Antes de decir algo sobre la adoración, debemos captar bien lo que es maravillarse. Porque la adoración no puede solo ser la tarea de la mente racional. No se puede esbozar en el papel, ni medir por medio de diagramas. La adoración y el acto de maravillarse, tan estrechamente relacionados, son llegar al extremo de nuestra capacidad de medir. En la presencia del Todopoderoso Dios, como lo descubre el apóstol Juan, el maravillarse es algo espontáneo y nos deja cambiados. ¿Podemos responder de otra forma? Pero sin capacidad de sentir ese temor reverente en que estamos al borde de nosotros mismos y miramos más allá, nunca podremos entrar en su presencia.

El tema de este libro es vivir *cada momento* en la maravilla de la adoración. Deseo que seamos capaces de barrer con la complejidad y desesperación de nuestro tiempo, aunque sea por los breves momentos en que prestemos atención a estos capítulos. Deseo que respiremos profundamente y recordemos lo que es ser como niños con los ojos ampliamente abiertos, captando algo mayor y más maravilloso que lo que hayamos visto con anterioridad. ¿Cómo fue en su caso? ¿Cómo fue la mañana de la Navidad a los cinco años? ¡Un tren eléctrico que ocupa toda una habitación! ¿Cómo fue la primera vez que vio el océano? Quiero que descubramos eso en la presencia de Dios, disponible dondequiera que estemos y siempre que lo decidamos, que podemos vivir en la esencia de ese temor reverente. Podemos ser como aquellos reporteros: nuestro cinismo se disuelve por la luz que viene de otro mundo.

¿Se ha maravillado alguna vez? ¿Cuánto tiempo ha transcurrido desde que fue nuevamente un niño, boquiabierto y con una mirada que expresa lo maravillado que está? ¿Cómo cambiaría su vida si pudiera vivir de esa forma cada día? ¿Cómo cambiaría la gente que lo rodea?

Espero que ya lo esté sintiendo: el anhelo mismo de su corazón. Esto es lo que ha faltado en muchas vidas. Hemos vagado en el vacío cuando podríamos habernos maravillado en la plenitud del amor de

Dios. El anhelo de su corazón, aun cuando no lo haya llegado a comprender, es vivir cada momento en la maravilla de la adoración.

DE GÉNESIS A APOCALIPSIS

La historia escrita comienza con una gran maravilla. Termina de la misma manera. ¿Y qué cree que es lo central? Sí, toda la Biblia está estructurada en torno a una humanidad maravillada en la presencia de Dios. Demos un vistazo.

Como todos saben, Génesis comienza con la creación del mundo. Nadie estaba allí como testigo, pero se nos dio el relato de cómo Dios formó los cielos y la tierra con su mano poderosa. Por medio de la Escritura inspirada por el Espíritu Santo, podemos levantarnos y contemplar el momento cuando Dios dijo: «Sea la luz»; cuando separó las aguas del firmamento; cuando hizo que la tierra produjese hierba y puso el sol, la luna y las estrellas en el cielo. En cada ocasión sabemos que Dios dijo: «Es bueno».

¡Sí, es bueno! Esa es también nuestra respuesta más elemental cuando miramos el cielo lleno de estrellas o vemos salir el sol con esplendor sobre la montaña, bañando los cielos con hermosos colores naranja y azul. Pero cuando vemos lo que es perfecto, lo que Dios proclamó como *bueno*, respondemos también con nuestras emociones. Quedamos asombrados, maravillados. En ese punto debemos detenernos y considerar, porque la capacidad de maravillarse está en el centro mismo de nuestra identidad como seres humanos creados a la imagen de Dios.

Deténgase a contemplar la puesta de sol y no solo sus ojos se llenarán, sino también su alma y su imaginación. Pero si usted está con su perro favorito, lo verá olfateando el suelo, quizá atraído por una pulga molesta. No importa lo que digan los científicos modernos, hay una vasta diferencia entre usted y una bestia común. Usted se maravilla. Usted llora. Usted ríe y ama. Pero la primera de estas cosas, la capacidad de maravillarnos, es lo que nos marca como hijos especiales de Dios. Si nosotros fuéramos solo un complejo de neuronas creadas por la evolución y con respuestas instintivas a estímulos, ¿por qué podríamos responder *emocionalmente* a la salida o puesta del sol? ¿Por qué nos atraería la música, y qué hay en el sistema darviniano que nos hace reír?

La capacidad de maravillarse es el canal en nuestra estructura dado para encontrarnos con Dios mismo. La capacidad de maravillarse es la puerta abierta a la adoración. Es la ocasión que se da al alma para evaluar desde una verdadera perspectiva espiritual. Sin maravillarnos no podríamos ver. Dios «atiborró la tierra con cielo», para parafrasear a la poetisa Elizabeth Barrett Browning, porque demasiado pronto olvidamos que el cielo está a la vista. En consecuencia Él llena la tierra con avisos celestiales, y si no logramos recibir el mensaje, hay algo muerto en nosotros. Albert Einstein lo dice así: «Lo más hermoso que podemos experimentar es el misterio. Es la fuente de toda verdad y ciencia. La persona para quien la emoción es ajena, que ya no se detiene para maravillarse ni para extasiarse con temor reverencial, es como si estuviera muerta: sus ojos están cerrados».[2]

UN LIBRO LLENO DE MARAVILLAS

Pero, ¿qué del resto de la Biblia? No solo es un libro maravilloso, sino un libro lleno de maravillas. Hemos visto cómo comienza, y en el capítulo anterior hemos visto cómo culmina. Ya estuvimos parados junto a Juan en el umbral de la eternidad y fuimos testigos de parte de la culminación de la historia humana desde la perspectiva de Dios. Además, descubrimos que es importante para Dios que tomemos esta experiencia en forma vicaria. Por eso le dio la visión a Juan, para que usted y yo, y cualquiera que tenga la Palabra de Dios, pueda maravillarse de la majestad del Rey soberano sobre su trono.

La creación y la culminación son como las piezas de un librero que sujetan la Biblia. Pero en el corazón mismo del libro, en su centro físico, hallamos el Libro de los Salmos. Estos cánticos son todos sobre la adoración y para maravillarse. No puedo imaginar un creyente que pase mucho tiempo fuera de este libro. Considere esta canción y maravíllese:

> ¡Oh Jehová, Señor nuestro,
> Cuán glorioso es tu nombre en toda la tierra!
> Has puesto tu gloria sobre los cielos…
> Cuando veo tus cielos, obra de tus dedos,
> La luna y las estrellas que tú formaste,
> Digo: ¿Qué es el hombre, para que tengas de él
>   memoria,
> Y el hijo del hombre, para que lo visites?
> Le has hecho poco menor que los ángeles,
> Y lo coronaste de gloria y de honra.
> —SALMO 8:1,3-5

No en balde este salmo haya sido el favorito de hombres y mujeres a través de las edades. Expresa como nos sentimos en uno u otro momento (espero que con mucha frecuencia). Dios ha puesto su gloria sobre los cielos. Contemplamos el cielo y sabemos que, por majestuosa que sea la visión, hay algo más allá, algo que está por sobre todo lo que podamos ver y sentir. Creo que esta es la esencia de poderse maravillar: el «¡ah!» de nuestro temor reverente. Por eso Dios ha circundado la creación con su gloria.

El cielo nocturno pone un encanto divino, meditabundo sobre nosotros, como lo han descubierto las personas a través de los siglos; Dios lo diseñó para que fuera así. David, el salmista, que contemplaba las estrellas en las muchas noches que velaba sobre su ganado, debe haber estado continuamente maravillado. Debe haber comprendido quién velaba sobre él. Mientras consideraba a su Señor, según el salmo, pensó en sí mismo. «¿Quién soy yo para ser digno siquiera de un breve momento de su atención?», se pregunta maravillado. «Miro la corona de tu creación, y me maravillo: ¿Cómo es que pusiste una corona sobre mí?» Por supuesto, había un trono en el futuro de David. Pero la verdadera adoración produce efecto sobre nosotros: simultáneamente nos humilla y nos levanta. En otras palabras, la adoración nos pone exactamente donde debemos estar, en la compresión de nuestra pequeñez, aunque un poco menor que los ángeles; somos pequeñas criaturas en la presencia de Dios, pero pequeñas criaturas que Él ama.

La Biblia es pues más que un libro maravilloso: es un libro lleno de maravillas. Comienza con la maravilla de la creación, profundamente implantada en nosotros. Termina con la maravillosa culminación del juicio final de Dios. En el centro mismo, con los salmos, hay cánticos de adoración que expresan lo maravillado que está el autor. Su revelación central escrita para nosotros está tan atiborrada de los cielos como la creación misma. Pero el desafío es este: Somos criaturas defectuosas, caídas, dadas a arrancar el fruto prohibido en vez de inclinarnos en adoración ante el Dios que nos diseñó. ¿Cómo podemos luchar contra tales limitaciones?

CRECER HASTA SER COMO NIÑOS

Si queremos adorar en espíritu y en verdad, es necesario que redescubramos la capacidad de maravillarnos que Dios puso en cada uno de nosotros. El pecado trastornó esta capacidad, de modo que nuestras percepciones se han deformado. Uno de los antónimos de maravilla es vulgaridad, y dudo que haya habido época más caracterizada por la vulgaridad que esta. Si no nos cuidamos, todos caemos en la trampa. Después de todo, la vulgaridad está en el aire cultural que respiramos a diario. A menos que viva en una isla desierta, uno pasa más tiempo expuesto a actitudes vulgares y mordaces que a comer y hacer ejercicios. Piense en los espectáculos televisivos. Considere el cine que ven nuestros jóvenes y la música que les llega a través de sus audífonos.

Después del 11 de septiembre de 2001 hubo mucha discusión en los medios sobre «la muerte de la ironía», pero en la realidad, poco ha cambiado. Hay una cultura sarcástica que durante décadas se filtra desde los medios de comunicación y a través de muchos líderes y nos infecta a todos. Con frecuencia he dicho que no veo cómo un seguidor de Cristo comprometido puede conservar un enfoque sarcástico del humor, sin embargo, tenemos pocos modelos ante nosotros. Después de un tiempo ya no nos llama la atención Oz, el grande y poderoso; después de un tiempo estiramos el cuello para descubrir al hombrecillo que está tras la cortina. Estamos seguros que siempre debe haber uno, porque todo parece ser ficción y subterfugio. Mientras el predicador nos habla de Dios, nos maravillamos de lo mucho que le pagan por predicar el sermón. La vulgaridad y el cinismo son infecciones mortales que carcomen nuestra capacidad infantil de sorprendernos y deleitarnos. Corroen nuestros canales de adoración, y son enfermedades terminales.

Por supuesto, esto no es un problema nuevo. Jesús enfrentó a los cínicos en cada lugar. No solo los fariseos eran incapaces de participar en la experiencia maravillosa de sus milagros y enseñanzas, sino que aun sus propios discípulos constantemente no alcanzaban a captar el gran concepto. Muchas de sus parábolas invitaban a sus oyentes a maravillarse en la grandeza del Reino de Dios, pero casi todos erraron el punto. Finalmente, puesto que no lograban ver el gran cuadro, les dio uno pequeño. Tomó un niño en sus brazos. Los discípulos retrocedieron; sentían que los niños no eran dignos del tiempo del Rabí, y acostumbraban a desecharlos:

Mas Jesús, llamándolos, dijo: Dejad a los niños venir a mí, y no se lo impidáis; porque de los tales es el reino de Dios. De cierto os digo, que el que no recibe el reino de Dios como un niño, no entrará en él.

—LUCAS 18:16-17

El tema principal aquí es la humildad (Mateo 18 nos dice que los discípulos discutían —*nuevamente*— sobre quién sería el mayor en el Reino de Jesús). Pero la humildad y el maravillarse van de la mano. Nuestra fe necesita ser como la de un niño, pero no debe ser infantil. Necesitamos redescubrir el *temor reverente* de Dios. Gran parte del cristianismo contemporáneo trata a Dios en términos informales como el Mejor Amigo que nos queda, lo cual es cierto. Pero si no somos cuidadosos, lo pondremos de nuestro tamaño. Entonces nuestro Dios será demasiado pequeño.

No necesitamos un dios compacto, según nuestra conveniencia. Necesitamos uno que nos haga caer de rodillas, que nos deje mudos, que haga que nuestros ojos brillen con su fuego y nos haga salir de su presencia como personas cambiadas. Necesitamos ese Dios en todo momento de cada día.

RECUPERE LA CAPACIDAD DE MARAVILLARSE

Cerramos este capítulo con cinco acciones para que la capacidad de maravillarse vuelva a nuestra adoración. ¿Qué necesitamos saber para acercarnos a Dios nuevamente como niños?

- *Debemos ser apasionados para vivir cada momento en la maravilla de la adoración.* En este mundo tan mundano, nadamos contra la corriente si queremos vivir en la presencia de Dios. ¿Tiene usted de veras el interés irresistible de conocer a Dios íntimamente? ¿Está dispuesto a pasar cada día en íntima relación con Él? Hoy esas son preguntas clave para usted. El sendero comienza con la pasión.

- *Debemos conocer a Dios y no solo saber de Él.* El punto es obvio, pero esencial. Espero que se sienta estimulado por la información de este libro, pero usted puede memorizar cada palabra y todavía no experimentar la presencia de Dios; no hasta que haya puesto el libro a un lado y se aproxime al trono. Su mente es el comienzo, pero su viaje a lo maravilloso pasa por su corazón. Esa es la parte de su ser que Dios más desea.

- *Debemos servir a Dios y no solo identificarnos con Él.* El crecimiento en la fe se produce cuando hacemos las cosas que Jesús haría. Los fariseos se identificaban con Dios, y toda la información que tenían era correcta. Pero perdieron el contacto con las necesidades del pueblo. Sirva a alguien hoy y mañana, y vea si no encuentra a Dios en una forma más contundente. Casi paradójicamente, refugiarse en una profunda comunión con Dios finalmente significa tener más experiencia con la gente. Esa es su agenda. El servicio le ayudará a restablecer su capacidad de maravillarse en su adoración.

- *Debemos adorar a Dios diariamente, lo que exige ajustes y sacrificios.* Como veremos, el sacrificio es el corazón de la adoración. Vivir cada momento en la maravilla de la adoración cambiará su manera de enfrentar la vida cotidiana. Exigirá alteraciones en su modo de pensar, en sus prioridades y en su enfoque de cada porción de su vida. Esto puede ser doloroso. Estará edificando un perfil de obediencia, y sacará todos los impedimentos que bloquean la maravillosa visión. Finalmente todo lo considerará pérdida por el perfecto gozo de conocer a Dios.

- *Cosecharemos las recompensas de vivir en la maravilla de la adoración.* A medida que su vida cambie de esa manera, sentirá un gozo interno profundo que nunca consideró posible. Será más dedicado a Dios y estará mejor relacionado con su familia y amigos. Estará más concentrado y será más dinámico en el trabajo. El cinismo que invalida se derretirá y usted recibirá la energía del poder de una fe viva. Hay todas esas recompensas y más.

Pero, lo mejor de todo, usted será nuevamente un niño, en todo el buen sentido de ser un niño. Cada día será como una mañana de Navidad, y cada respiro y oportunidad serán regalos brillantes para su deleite, todo lo cual le permitirá alabarle mucho más. Y entonces, estoy seguro, la luz de su gozo comenzará a derretir la desesperación y el recelo de las personas que se crucen en su camino.

El resplandor de sus ojos superará todo lo que los ojos de los reporteros vieron en el lanzamiento del cohete en 1975. Todo lo que ellos pudieron ver fue una nave dirigida a los cielos. Sin embargo, usted ya estará allá, cada momento de su vida.

3

¿Dónde establece su hogar un rey?

TRES

¿Dónde establece su hogar un rey?

SE DICE QUE EL CASTILLO ESTABA entre los más elegantes del mundo. Sus torreones dominaban el cielo medieval, y sus brillantes estandartes podían verse a millas de distancia. La sala del trono estaba embellecida con obsequios de diversas regiones, y las paredes decoradas con oro puro. Todo brillaba y resplandecía; todo, menos el rostro del rey.

El anciano monarca amaba realmente a su pueblo, desde mineros hasta comerciantes y madres. Disfrutaba de los modales humildes y del humor ligero, y deseaba escuchar los cuentos de sus aventuras diarias por humildes y caseros que pudieran ser. Pero muy pocos del pueblo común se veían cerca del palacio. Por una parte, estaban ocupados en sus diarios quehaceres; por otra, el resplandor de la ciudadela los hacía dolorosamente conscientes de su bajo estado de campesinos. Las cosas de la realeza los incomodaban.

Así que los buenos ciudadanos raramente miraban las resplandecientes torres, e ignoraban las trompetas que anunciaban las idas y venidas del rey. Con el tiempo, construyeron sus cabañas y casas a crecientes distancias del castillo. Ignoraban las ansiosas invitaciones del rey a ir a visitarlo y disfrutar de su hospitalidad en la mesa real. El pueblo amaba a su rey, pero preferían hacerlo a la distancia.

El rey se sentía solitario y abatido. Se sentía como un padre amoroso cuyos hijos se aventuran por el mundo para no regresar. Prefería ser un custodio al que aman que un rey que asusta. Llegó a comprender que si el pueblo no se acercaba a él, él debía acercarse al pueblo.

El rey ordenó a sus cortesanos que se quedaran, y caminó solo por la plaza del pueblo. Naturalmente, los mercaderes y los niños lo reconocieron de inmediato y el silencio se apoderó de ellos. Mientras miraban nerviosos, el rey se agachó y se puso a jugar con dos niñitos. En poco tiempo, se formó una multitud de niños a su alrededor, y también los hombres y mujeres comenzaron a acercarse.

A medida que pasaban las horas, las personas se dieron cuenta que ellos mismos se sentían más cómodos que antes con el rey. En el pasado él había sido como un rumor distante. Ahora estaba en el medio mismo de ellos, riéndose y contando historias maravillosas. Podían tocar su magnífica corona enjoyada. Veían una chispa en sus ojos. Todo el pueblo se maravilló con su sabiduría, y muchos le dieron a conocer sus problemas; siempre tenía soluciones. Pero por sobre todo, creció un gran amor entre ellos: amor a su bondad, por su realeza, y por su reinado. Finalmente, a la puesta del sol, una viva multitud rodeaba al rey. Alguien dijo: «Su majestad, quédese con nosotros. No queremos salir de su presencia, porque nunca supimos cuán amable, alegre y sabio usted era».

El rey sonreía al contestar: «No es necesario que os vayáis, porque este es nuestro reino. Debido a las más antiguas tradiciones, tengo mi hogar allá, en un palacio esplendoroso. Pero os dejaré un obsequio especial». Dicho esto el rey sacó, de los faldones escarlata de su túnica, una pequeña flauta. La puso con suavidad en manos de una niña. «Cuando regreséis a vuestros hogares», dijo a la multitud, «cada uno encontrará una flauta, un arpa o algún otro instrumento musical con su nombre grabado. Cada vez que uno de vosotros toque una sencilla melodía que os enseñaré, y yo la oiga, vendré. Es la Canción de Alabanza del Rey, y me traerá a vosotros dondequiera que estéis. Si alguno solo necesita mi compañía, tiene el privilegio de tocar mi melodía y llamarme por mi nombre. El deseo más grande de vuestro rey, y espero que no lo olvidéis jamás, es vuestra compañía».

En ese momento la curiosidad de la niña estaba en su punto más alto. Sopló suavemente la flauta, y el sonido que surgió hizo que todos callaran. Era la música más exquisita que cualquiera de ellos hubiera escuchado, y les abrió mundos enteros llenos de maravillas en su fascinada imaginación. Tan pronto como entendieron, el corazón y alma del rey mismo fueron envueltos en esa melodía. Fue como si grandes nubes hubieran desaparecido repentinamente de sus ojos, y la gente pudiera ver a su rey por primera vez. Todo lo conversado con anterioridad era juego de niños; ahora, desde la flauta de la niña, surgió algo alegre y serio. La melodía les dijo quién era su rey, y en consecuencia, les dijo quiénes eran ellos.

Finalmente, cuando el rey se retiró, cada ciudadano corrió a su casa para descubrir su instrumento musical. Esa aldea, como usted podría esperar, cambió para siempre. En cajas doradas las personas guardaban sus queridos instrumentos. Los tocaban todos los días, y de alguna manera el rey tenía tiempo para atenderlos a todos. Entendieron que realmente era mucho más que un rey. Y cuando tocaban la antigua canción, el instrumento les resultaba más propio, más como parte de ellos mismos. Encontraron que la melodía nunca se hacía aburrida ni monótona, como ocurre con otras. Siempre era más profunda, siempre más misteriosa y maravillosa, siempre llena de nuevas sorpresas.

A solas, uno podía tocar la hermosa canción del rey en su instrumento de manera personal. Juntos, el pueblo podía tocar su instrumento y producir una sinfonía tal que ningún oído humano había antes escuchado. Solos o en conjunto vivían para la música, porque de alguna manera, por medio de la maravilla más profunda del mundo, el rey vivía en la música. Así la música vivía dentro de ellos y les llenaba los días.

Algunos dicen que la maravillosa melodía todavía se desliza con el viento. ¿La ha oído usted? ¿Puede escucharla?

NO HAY LUGAR COMO EL HOGAR

Espero que ya hayan deducido el sentido de mi pequeño cuento. En todo sentido, Dios, nuestro Rey, ha venido a nosotros porque nosotros no podíamos —no queríamos— ir a Él. Lo hizo por medio de lo que llamamos la encarnación de Jesús. Por cierto, asumió humildemente carne humana para habitar entre nosotros. Pero lo que da a entender es mucho más profundo y se expresa en un concepto que es anterior al acontecimiento de Belén. Envuelva su mente completamente con esta idea: *Dios habita en nuestra adoración*. Las consecuencias de eso son tan increíbles que tiemblo al escribir de ellas. Dios nos ha dado un instrumento para conocerle, instrumento que en cada parte es tan maravilloso como esa flauta especial. Nos ha entregado *la adoración*.

Debiéramos tener el siguiente versículo grabado con letras grandes en el frente de nuestros santuarios, en la cubierta del boletín de la iglesia, en el centro de nuestros corazones: «Pero tú eres santo, tú que habitas entre las alabanzas de Israel» (Salmo 22:3). ¿Se da cuenta de la asombrosa proclamación de este versículo? Dios pone su trono en la adoración y en las alabanzas que ofrecemos en su nombre. La palabra hebrea traducida *habitar* o *entronizar*, significa «sentarse, permanecer, establecerse». Una versión en inglés lo traduce de esta forma: «Las alabanzas de Israel son tu trono».

Como alguien describió una vez esta verdad:

> La alabanza es donde vive Dios. Es su domicilio permanente. La
> alabanza es su hogar. En la alabanza Él está en casa...

Esto resuelve uno de los extensos misterios que acompañan la alabanza. ¿Por qué las curas llegan en alas de la alabanza? ¿Por qué las emociones humanas pasan por esa transición cuando la alabanza es su decisión? ¿Cómo podemos dar razón de las cosas que acompañan la alabanza? La sencilla respuesta es: Aunque Dios está en todas partes, no se manifiesta en todo lugar. En la alabanza está en casa, y estando en casa se manifiesta mejor como Dios...

Paso gran parte de mi vida en cuartos de hoteles alrededor del mundo. Me acomodo y disfruto casi cada lugar. Pero tengo un hogar al cual llego con frecuencia. Es allí donde usted me encontrará en mi elemento natural sintiéndome «en casa» ... Si usted quiere ver a Dios enteramente «en casa» y cómodo, puede ver que esto ocurre con la adoración. Dios tiene afinidad con la alabanza. Está entronizado y liberado para actuar poderosamente en la alabanza.[1]

En su maravilloso libro *Reflections on the Psalms*, C. S. Lewis también escribe sobre el modo que Dios se acerca a su pueblo por medio de sus alabanzas y adoración:

Cuando comencé a acercarme a la creencia en Dios ... hallé una piedra de tropiezo en la demanda tan clamorosamente hecha por todas las personas religiosas que debíamos adorar a Dios; aun más ante la sugerencia que Dios mismo lo exigía. ... No veía que en el proceso de ser alabado es que Dios comunica su presencia a los hombres. Por cierto, no es el único camino. Pero para muchas personas en diversos períodos la «hermosura del Señor» se revela principalmente o solamente cuando lo adoran en conjunto. Aun en el judaísmo la esencia del sacrificio no era realmente que los hombres dieran a Dios becerros y cabritos, sino que lo hacían para que Dios se diera a los hombres.[2]

Cuando usted se reúne con Dios a la luz de la mañana, cuando sus pensamientos se vuelven a Él en la adrenalina de las exigencias del día, así como cuando usted entra al silencio del santuario en el Día del Señor, sepa que Él toma su lugar sobre el trono cuando quiera que usted le dé su alabanza. La cabeza inclinada, el corazón humilde, y su espíritu atento abren la puerta del cielo. Es una puerta que se abre de par en par, porque ya hemos entrado por ella con Juan. Pero ahora Dios se acerca a nosotros, no importa dónde estemos. La maravilla de la adoración es la maravilla de su presencia real, y sentimos algo de lo que aquellos aldeanos sintieron en la parábola. Es música de otro mundo; lo maravilloso arrasa todas las tinieblas y el polvo mortal que esta vida contiene. Redescubrimos la inocencia infantil a medida que alabamos y exaltamos el nombre de Dios, porque Él se abre hacia nosotros. Es el momento más solemne de la vida; más solemne que tener su primer hijo en brazos en la sala de partos, más solemne que conocer la persona con la que usted se va a casar, más solemne que ver la tierra desde la ventana de un transbordador espacial. Usted ha visto algo más hermoso: el rostro de Dios mismo.

Trate de crear este cuadro en su mente. Imagine que su Padre descansa entre los cojines de su comodísima silla de reposo con un suspiro de satisfacción, regocijándose en la adoración de su hijo amado. Eso es lo que la Biblia nos dice que Él hace. *Habita en las alabanzas de su pueblo.* Él establece su hogar, su cómodo lugar de reposo en su corazón y en el mío cuando adoramos su nombre. Cuando estoy lejos en la soledad de los hoteles, puedo hacer lo que los habitantes de la parábola hacían. Puedo tocar la Canción de Alabanza para el Rey y traerlo hasta mí. O quizá me lleva hasta Él.

Todo es hermoso y bueno. Pero si la adoración es una prioridad tan elevada —para lo que fuimos creados— ¿cómo adoraremos? De todos modos, ¿a qué se refiere esta palabra? La palabra *adorar* es casi como la palabra *amar* en nuestra sociedad; ha sido zarandeada hasta que se la ha despojado de todo significado. Es una flauta que ha sido cubierta por tanto polvo que ya no parece capaz de producir música; somos dados a tirarla sobre un montón de polvo. ¡Qué terrible error sería! En cambio, soplemos el polvo para quitarlo y dar una nueva mirada a la adoración.

Descubramos lo que la Biblia nos dice sobre la adoración. ¿Es el sacrificio necesario aún, como en la antigüedad? ¿Qué tipo de música debemos usar? ¿Cuáles son algunas buenas razones para dedicar tiempo a la adoración? ¿Es realmente posible adorar a Dios en el trabajo o en un concurrido centro comercial? ¿Qué quiere decir la adoración como un estilo cotidiano de vida? Cada una de estas preguntas se considerará en este pequeño libro. Quizá nuestra discusión sobre el culto quite algo de ese polvo. Quizá le demos brillo a la pequeña flauta. Pero mi oración más grande es que usted pueda reunir su valor y se ponga la flauta en los labios. Porque si lo hace así, oirá la música. Se sentirá maravillado. Todo lo que querrá es cantar: «¡Al mundo paz! ¡Nació Jesús!»

Estará gozoso porque sentirá el gozo de Él. Y eso hará llegar la melodía mucho más alto. Usted disfrutará el deseo de su corazón: maravillarse en la adoración.

4

Un templo sobre ruedas

CUATRO

Un templo sobre ruedas

NOS GUSTA HABLAR de la forma en que el Espíritu de Dios viene a hacer su morada en nuestros corazones. Esa imagen ha sido una de las favoritas de los creyentes por largo tiempo. *My Heart—Christ's Home*, de Robert Boyd Munger, es un hermoso ejemplo. Esta historia describe a Jesús en el acto de llamar a la puerta de la casa de un narrador y le pregunta si le permite residir allí. A Él le gustaría ser un amigo íntimo y hacer de este hogar su hogar personal. El narrador está de acuerdo y el resto de la pequeña historia describe cómo Jesús entra y camina por las habitaciones haciendo diversos cambios.[1]

Por cierto, las «habitaciones» simbolizan simplemente los diferentes segmentos de nuestra vida. Entregamos a Jesús el señorío en la sala de estar donde se desarrolla la vida de la familia; le entregamos el control de la cocina y de nuestro modo de comer, de la sala de recreación donde decidimos el uso de nuestro tiempo, y así sucesivamente. Hay una gran cantidad de verdad espiritual acerca de la devoción en la imagen de la vida humana como hogar del Espíritu de Dios. Sin embargo, puede ser que haya una metáfora más bíblica, y aunque usted no lo crea, aun más persuasiva en cuanto a la forma en que vivimos. He pensado al respecto a medida que exploraba nuestro tema sobre la adoración como estilo de vida para cada día.

La analogía en la que estoy pensando se encuentra en las dos epístolas de Pablo a los corintios. Como recordará, esta era una iglesia «dominguera». Esto es, la gente se congregaba para el culto formal el día de reposo, pero nada del contenido de la adoración se filtraba hacia su vida cotidiana. Entre los corintios se daba toda clase de actividades inmorales e inmaduras. Así en su carta Pablo los reprende fogosamente. Pienso que la primera epístola debe de haberles quemado los dedos al sacarla del buzón. Usted reconocerá la agudeza en el tono de Pablo:

> ¿O ignoráis que vuestro cuerpo es templo del Espíritu Santo, el cual está en vosotros, el cual tenéis de Dios, y que no sois vuestros? Porque habéis sido comprados por precio; glorificad, pues, a Dios en vuestro cuerpo y en vuestro espíritu, los cuales son de Dios.
>
> —1 CORINTIOS 6:19-20

Mensaje: Dejen de retener lo que es de Dios: ¡Él quiere el todo! El cristianismo nominal no le interesa. El Señor quiere que le firme, selle y entregue su cuerpo y su espíritu, a su nuevo propietario. En cuanto toma posesión, el Señor convertirá todo el lugar en... ¿otra casa? No, en un *templo*.

Eso es lo que Pablo dice aquí. ¿Se pondría usted a discutir y a provocar a otros en el templo? ¿Puede usted introducir en él una prostituta? (En realidad, en las religiones paganas, de las cuales procedían todos estos creyentes, la prostitución en el templo era un algo común; Pablo tenía una buena tarea por delante). Si Dios es dueño de su alma, usted se ha convertido en un templo, de modo que es mejor conservarlo limpio y desinfectado. Apostaría que los corintios nunca pensaron de ese modo. Pablo regresa a su llamativo cuadro verbal en 2 Corintios, cuando escribe:

> ¿Y qué acuerdo hay entre el templo de Dios y los ídolos?
> Porque vosotros sois el templo del Dios viviente,
> como Dios dijo:
> Habitaré y andaré entre ellos,
> Y seré su Dios,
> Y ellos serán mi pueblo.
> —2 Corintios 6:16

Usted recordará que Jesús comparó su cuerpo con el templo (véase Mateo 26:61). Cuando Él vive en nosotros, nos convertimos en templo. Si desea ver cómo Pablo desarrolla la idea, búsquela al final del capítulo 2 de Efesios. En ese notable pasaje, Pablo describe cómo el cuerpo unificado de los creyentes «bien coordinado, va creciendo para ser un templo santo en el Señor» (Efesios 2:21). Somos *casas* para lo santo, sí, pero somos algo mucho mayor: somos *templos*.

Pero, ¿puedo presentarle un tercer punto de la arquitectura?

En 2 Corintios 5, versículos 1-4, Pablo habla del cuerpo como de un «tabernáculo», una casa hecha para que no dure. Podemos estar andrajosos y desgarrados, pero estamos destinados a un palacio eterno. Pedro usa la misma analogía (véase 2 Pedro 1:13-14). Desde luego, Pablo conocía más que bien el tema de las tiendas; confeccionándolas se ganaba la vida.

¿Cuál es el significado de una tienda? Es temporal y perecedera, pero están hechas para ejércitos y personas que están en movimiento. Recuerde esa idea mientras avanzamos más profundamente en los conceptos de templo y tienda, y lo que significan en nuestra vida cotidiana.

SIEMPRE DECIR «SIEMPRE»

Por el momento concentrémonos en los templos. Si tratamos mal nuestros cuerpos en alguna manera —sea con referencia a dietas, sexo, ejercicios o cualquier otra preocupación— debemos comprender que profanamos el templo de Dios. Nos ha comprado por el elevado precio de la sangre de Cristo, y lo único correcto es que nos convirtamos en edificios dignos de ese precio. Es por eso que con frecuencia citamos este pasaje cuando exhortamos a nuestros amigos que se cuiden físicamente.

Pero me sorprende el hecho que Pablo no dice que nuestros cuerpos son la mansión, el condominio o la casa de vacaciones del Espíritu Santo. Es cierto que el Espíritu viene a morar en nosotros como si esta fuera su residencia diaria. Pero la analogía de Pablo es un *templo* —un edificio de santidad, un lugar de adoración— y también es una *tienda*, morada de los que están cambiándose constantemente de lugar. Pensamos en el período de la historia de los israelitas en que el templo *era* una tienda. Las leyes de Dios, guardadas en el arca del pacto, viajaban con el pueblo de Dios y las custodiaban cuidadosamente en una tienda especial. De ese modo, el pueblo tenía un símbolo físico para comprender que la santa presencia de Dios viajaba con ellos a través de toda clase de terrenos traicioneros y de malos presagios.

La razón por la que elaboro esta analogía es que sugiere muchas ideas sobre la adoración como un estilo de vida. «Glorificad, pues, a Dios *en vuestro* cuerpo y en vuestro espíritu, los cuales son de Dios» (1 Corintios 6:20b, énfasis añadido). Todo en la vida es adoración. Es interesante estudiar el uso que Pablo hace de una de sus palabras favoritas: *siempre*. Los siguientes son algunos ejemplos (el énfasis ha sido agregado):

- «Dando *siempre* gracias por todo al Dios y Padre» (Efesios 5:20a).

- «Orando *en todo tiempo* con toda oración y súplica en el Espíritu» (Efesios 6:18a).
- «Regocijaos en el Señor *siempre*» (Filipenses 4:4a).
- «*Siempre* rogando encarecidamente por vosotros en sus oraciones» (Colosenses 4:12b).
- «Estad *siempre* gozosos. Orad sin cesar» (1 Tesalonicenses 5:16-17).
- «Y el mismo Señor de paz os dé *siempre* paz en toda manera» (2 Tesalonicenses 3:16a).
- «Estad firmes y constantes, creciendo en la obra del Señor *siempre*» (1 Corintios 15:58a).

También usa la frase «sin cesar» en varias ocasiones, respecto de las oraciones por los demás, cuando recuerda a los demás, acerca de la gratitud a Dios y de la oración en general. Cuando reunimos todas estas referencias, su cuadro de la vida cristiana es de oración y comunión constante con Dios. Eso incluye (particularmente cuando miramos a qué se refiere *siempre* con mayor frecuencia) la constancia en la intercesión por los demás, en el regocijo, y en las acciones de gracias constantes. Pablo nos exhorta particularmente a dar gracias a Dios en forma constante, y del mismo modo recordar a otros en oración. Podemos considerar que estas cosas son la base de un estilo de vida cotidiano de adoración.

Por esto es que propongo una nueva imagen de nuestras vidas delante de Dios: *¡un templo sobre ruedas!* ¿Por qué no? Cuando usamos el maravilloso cuadro verbal de Robert Boyd Munger, el de Jesús que llega al hogar, la idea es más bien estática y aislada. Da a entender que Jesús nos visita en forma privada, y tenemos la tendencia a pensar en la compañía divina como algo que ocurre en casa. Es un cuadro hermoso, íntimo, conocerle personalmente.

Pero la Biblia nos da palabras como *siempre* y *sin cesar*. ¿Hemos de dejar a Jesús en casa cuando nos vamos a la oficina o al mercado?

Obviamente que no. Él va con nosotros a todo lugar, y conversamos con Él constantemente; nos regocijamos, damos gracias y oramos constantemente por las personas que vemos en nuestro viaje. *Esa* imagen no es estática; es una relación sobre ruedas.

Actuar en el camino

Hay otra consideración que surge de la idea de su cuerpo como templo del Espíritu. Nos gusta la analogía de Munger porque es consoladora y cálida: Jesús como el mejor amigo. Pero estamos también preocupados de adorarle como el Dios Todopoderoso, el Santo, ante el cual toda rodilla se doblará y toda lengua confesará su señorío. Es necesario que haya temor reverente en la ecuación.

Ese es un elemento que perdemos en la metáfora de Munger: el elemento maravilla, la dimensión de la que hemos conversado como necesaria para experimentar la adoración trascendente. Por esto moramos con Dios no simplemente en casa, sino en un templo, como Pablo lo expresa a los corintios, que llevaban vidas carentes de reverencia. Pero estamos tratando de su templo ordinario, el de cada día. Este templo está en la andrajosa tienda del cuerpo humano. Es un templo que puede parecer remendado y malamente cosido exteriormente, que nunca durará centenares o millares de años como ocurre con los de piedra. Pero contiene la presencia misma de Dios. Es mejor que un templo de piedras, arraigado al suelo. Ese es un templo en circulación.

Hay una historia de los tenebrosos días de la Segunda Guerra Mundial. Escaseaban muchas cosas, e Inglaterra necesitaba plata para proyectos de defensa. Winston Churchill preguntó si había alguna fuente de plata sin explotar. Se le dijo que sí: las iglesias y catedrales tenían algunas estatuas de santos fundidas en plata. Churchill sonrió y dijo: «Bien. ¡Es hora de poner a los santos en circulación!»

Esa es la idea aquí. Nosotros, los santos, no fuimos diseñados para limitarnos a un techo. Ojalá usted se viera como un santo en circulación, un templo sobre ruedas, de modo que Dios dijera: «Habitaré y andaré entre ellos, y seré su Dios, y ellos serán mi pueblo» (2 Corintios 6:16). ¿Y qué si usted lleva su adoración sobre ruedas, de modo que por dondequiera que vaya se regocija, ora, da gracias y exalta al Señor? Usted podría pensar de sí que es un templo hermoso, un lugar adecuado para guardar la ley de Dios, lugar a donde todos puedan llegar a encontrarlo a Él, porque ese es un elemento esencial de un templo, ¿no es así? Es un lugar para que otros se reúnan en el nombre de Dios. Usted no tiene cielo ni una gran sala, pero por su intermedio las personas pueden disfrutar del Dios vivo tal como lo hacían en el antiguo templo de Jerusalén. Esa es la idea misma de tener al Espíritu Santo morando en nosotros. No es con el propósito de tener alguna experiencia privada, sino para que podamos servir a Dios.

EL CUADRO CORRECTO

Quizá usted tenga algunas reservas respecto de esto. Quizá tenga el cuadro mental de un fanático religioso, de una persona más bien rara. Usted inmediatamente visualiza una persona de ojos vidriosos y una sonrisa hipócrita que trata de arrinconarlo cuando usted anda de compras y que carecen de la capacidad hablar de algo que no sea la espiritualidad. Quizá usted piense: *Si yo actuase como un templo en mi oficina, y diese vueltas por ella alabando el nombre de Dios, esgrimiendo mi Biblia, y le dijera a cada uno que voy a orar por ellos, ¡duraría unos cinco minutos!* Es cierto; muchos de nosotros nos sentimos intimidados en cuanto a expresar vibrantemente nuestra fe en el día de hoy. El lugar de trabajo es más hostil a la fe abiertamente expresada. Pero tomémonos unos momentos para aclarar nuestras palabras.

Primero, por favor, deje de usar la imagen mental de un fanático religioso. ¿Quién es, según usted cree, el que pone esos cuadros negativos en su mente cuando intenta ver a un cristiano dedicado? Aquí hay una clave: Es el único que tiembla ante el pensamiento de llevar una apasionada vida de adoración en el servicio del Señor. Quiere hacer todo lo posible para evitar que usted tome la fe con seriedad. Así, en vez de pensar en un poco atractivo y repelente «fanático», piense en un líder cristiano que usted verdaderamente admire. Sin embargo, es posible llevar a Cristo consigo al mercado o a otro lugar *sin* ser ofensivamente piadoso. Esa es la primera condición.

Segundo, piense en lo que Dios puede hacer por su intermedio en relación con otras personas. Por ejemplo, ¿estaría usted ansioso por entrar en una multitud y comenzar a soltar retórica religiosa, disponiendo a la gente en contra unos de otros y alejándolos de Él? O ¿le daría eso el poder para servir y aconsejar a las personas en su punto de necesidad, y le ayudaría a ser un amigo mejor y más atento?

Tercero, deshágase de la idea de que su vida será una carga y sin gozo si usted vive conforme a su fe. No es seguro por qué la gente llegó a pensar así, pero es más o menos como sigue: «Si comenzara a ministrar a la gente, y si comenzara a invitarlos a mi iglesia, perdería algunos de mis amigos y no tendría tiempo para mí. Mi vida es suficientemente complicada».

Permítame hacerle una pregunta: ¿Cómo cree que se sentiría Dios si usted se convirtiera en un templo sobre ruedas? ¿Piensa que Él se haría más o menos activo en su vida? ¿Cree que dejaría de cuidarle? ¿Cree que usted no se sentiría tremendamente bendecido cuando realizara un acto a favor del ministerio? ¿Es su Dios suficientemente grande para ayudarle a vivir su fe? Realice su acto en el camino. Dondequiera que vaya, glorificarán y honrarán a Dios. No hay lugar donde usted pueda ir que Él no pueda ir con usted, así que no hay razón para no exaltarle en todo lugar y en toda empresa.

Pero, ¿cómo? ¿Qué parecería esa vida? En el resto de este capítulo miremos de cerca la dinámica de la adoración como un estilo de vida diaria. Vamos a descubrir cuatro dimensiones fundamentales para poner su templo en marcha.

ADORACIÓN DIARIA EN SOLEDAD

La costumbre de adorar a diario comienza en las condiciones más sencillas y obvias. Es algo que cada uno de nosotros puede hacer; sin embargo, es algo que muchos de nosotros descuidamos. Si quiere vivir completamente en la maravilla de la adoración, debe comenzar a tener un tiempo personal a solas con Dios.

Quizá usted esté desengañado porque le he recordado algo tan sencillo. Quizá ya tenga un tiempo regular y dedicado. Pero creo que es imposible ser todo lo que Dios quiere que seamos si no estamos dispuestos a dedicar tiempo para conocerle personalmente.

También creo que para algunas personas el mejor tiempo para estar a solas con Dios es temprano en la mañana. Eso da la tónica para todo el día. Dios quiere que usted sea el siervo mejor y más eficiente posible, de modo que Él le mostrará y le dirá cosas que marcarán la diferencia en puntos críticos durante las próximas doce horas más o menos. Después que converse con el Señor y camine con Él a través del programa que tiene por delante, Él le fortalecerá y animará para que cada punto de su día sea un acto de adoración.

Otra ventaja de un tiempo matinal con Dios es que Él plantará su Palabra en su corazón. Se asombrará con la frecuencia que el versículo que estudió durante su café matutino tendrá una significación clave pocas horas más tarde. Pida al Espíritu que ilumine su estudio, luego lea las Escrituras reflexivamente. Trate de tener con usted ese versículo el resto del día, de modo que nunca esté lejos de su mente. La Palabra de Dios es esencial para adorar a Dios, y simplemente no hay nada tan alentador como su oportuna y poderosa Palabra. Basta un breve versículo para darle una perspectiva divina a lo largo del día. Le dará el sentido de maravillarse para conservar un marco de adoración en su mente.

Por supuesto que hay muchas otras cosas que se podría decir acerca del tiempo personal con Dios. Y hay muchos buenos recursos para ayudarle. Sin embargo, hay dos que son esenciales: Usted y el Señor, y nadie más, juntos y disfrutando una comunión profunda.

LA ADORACIÓN DIARIA EN EL SERVICIO

¿Cómo adorar a Dios mientras interactuamos con otra persona? ¿No es una contradicción de términos? Cualquier cosa, ¡menos eso!

Una de las palabras bíblicas para adoración significa realmente «servir». Mientras el énfasis en el Antiguo Testamento sobre la adoración estaba puesto en la ley, el Nuevo Testamento revela un nuevo tipo de servicio no basado en la ley, sino en la vida. Juan 4 describe el influyente encuentro con la mujer junto al pozo. La pregunta de ella fue sencilla. ¿Dónde está el verdadero lugar de adoración, en Jerusalén, o en los montes? Para los samaritanos, apartados y aislados, esta era una pregunta importante.

Jesús le dijo que se acercaba el tiempo cuando la geografía ya no sería un problema; el pueblo de Dios le adoraría «en espíritu y en verdad». Aquí lo tenemos, el templo sobre ruedas: un estilo de vida que capacita para que el elemento espiritual de adoración viaje con nosotros y se manifieste en encuentros tales como este entre Jesús y un verdadero buscador. Este es «el camino nuevo y vivo» de adoración (Hebreos 10:20) que lo hace no solo privado, sino una empresa social.

Ponga atención a lo que Pablo ofrece cuando declara su misión: «para ser ministro de Jesucristo a los gentiles, ministrando el evangelio de Dios, para que los gentiles le sean ofrenda agradable, santificada por el Espíritu Santo» (Romanos 15:16). Ministra al pueblo porque los ve como una ofrenda santificada que Dios anhela. No olvide que en Romanos 12:1, Pablo nos exhorta a que presentemos nuestros cuerpos como un sacrificio vivo a Dios, que es nuestro «culto racional». Vivir una vida de servicio era para Pablo como un acto de adoración.

Podría presentar muchos otros pasajes bíblicos, pero el punto es claro. Al servir a otros, servimos a Cristo, y en consecuencia hacemos actos de perfecta adoración. Puede ocurrir en un momento que en medio de una tormenta de lluvia ayuda a una extraña a cambiar una goma del auto y usted le dice: «Sé que esto es lo que Jesús quería que yo hiciera». En otro momento puede ocurrir que hace una donación anónima de dinero para una buena causa; nadie lo sabe, sino Dios, y es una ofrenda pura y de olor fragante ante sus ojos.

En la adoración basada en el servicio, usted nunca olvidará que en todo encuentro social, aun (o especialmente) en el menor de estos, usted glorifica al Señor. ¿Cómo podría esa disposición mental cambiar su conducta social, digamos, mañana?

LA ADORACIÓN DIARIA ANTE LOS DESAFÍOS

Otra oportunidad maravillosa para la adoración cotidiana la tenemos, quizá, en los tiempos más improbables: las ocasiones en que nos enfrentamos a un desafío. Con la mentalidad de Romanos 8:28, las piedras de tropiezo pueden convertirse en peldaños para un encuentro divino, y adoramos a Dios en las peores circunstancias. Después de todo, es la prueba suprema de nuestra resolución espiritual, ¿no es así?

El rey Josafat enfrentó un momento así cuando ejércitos hostiles avanzaban hacia Jerusalén. Oró: «Porque en nosotros no hay fuerza contra tan grande multitud que viene contra nosotros; no sabemos qué hacer, y a ti volvemos nuestros ojos» (2 Crónicas 20:12). Un momento de ansiedad lo convirtió en un momento de adoración, y el Espíritu de

Dios comenzó a moverse para responder. Muchos salmos fueron escritos en medio de una agonía desgarradora, y son testamentos supremos de una adoración piadosa. El Salmo 22 comienza con el futuro clamor de Jesús, jadeante de angustia: «Dios mío, Dios mío, ¿por qué me has desamparado?» Y continúa describiendo el terrible dolor, sin embargo, llega a su conclusión: «Se postrarán delante de él todos los que descienden al polvo, aun el que no puede conservar la vida a su propia alma» (v. 29). Aun el que enfrenta la muerte se inclina en adoración, porque Dios tiene la victoria final.

En *Cartas a un diablo novato*, C. S. Lewis escribe que cuando todo es confusión y todo ha resultado mal y nos sentimos espiritualmente secos, cuando ni siquiera podemos sentir la presencia de Dios, aún nos inclinamos ante Él, aún somos obedientes y oramos; ese es el tiempo cuando Dios más se agrada con nosotros.[2] La desesperación se convierte rápidamente en victoria cuando en el altar, delante de Dios, se pone un corazón quebrantado.

Sin embargo, no estamos hablando solo de pruebas que hacen temblar la tierra. Las pruebas más pequeñas son los momentos más esquivos para la vida de adoración. Usted está sentado en medio de un embotellamiento del tránsito después de un día agotador, y sus nervios están crispados. ¿Que tal si usara ese momento para reflexionar en Santiago 1:2-4? Cierto, usted *podría* hacer sonar la bocina y rechinar los dientes, y quejarse de su mala suerte diciendo: «No merezco esto. ¿Por qué tengo yo que estar en este nudo?» Entonces usted también podría comprender: «Esto es motivo de gozo para mí. Significa que Dios está edificando algo nuevo y maravilloso en mi alma, y llegaré a ser perfecto y cabal, sin que falte cosa alguna, Santiago lo dice y yo lo creo». De pronto el tránsito se ve enteramente diferente y una nueva canción surge de su corazón. Usted toma ese espléndido momento para volverse a las alabanzas a Dios como adoración en la vida cotidiana.

LA ADORACIÓN DIARIA EN EL SACRIFICIO

Quiero señalar un último elemento de la adoración diaria. Usted puede adorar a Dios por medio de las oportunidades cotidianas para el sacrificio. En otros lugares de este libro tenemos mucho que decir acerca del sacrificio. Es un concepto que es central en el concepto de la adoración. El concepto de la adoración lo expresa un pasaje que ya hemos mencionado:

> Así que, hermanos, os ruego por las misericordias de Dios, que presentéis vuestros cuerpos en sacrificio vivo, santo, agradable a Dios, que es vuestro culto racional. No os conforméis a este siglo, sino transformaos por medio de la renovación de vuestro entendimiento, para que comprobéis cuál sea la buena voluntad de Dios, agradable y perfecta.
>
> —ROMANOS 12:1-2

Pablo habla, es obvio, de la vida cotidiana. La mayoría de las personas se conforman a este siglo, pero los que adoran a Dios en Espíritu y en verdad, como sólidos templos sobre ruedas, hacen lo opuesto. Saben que el templo es lugar de sacrificio. Lo transforman todo y a todos, dondequiera que vayan, en una ofrenda a Dios.

No es fácil vivir de esa manera. Se nos exige ser obedientes. Se requiere de nosotros que nos sometamos a Dios y sacrifiquemos cada momento, cada relación cada tribulación y cada escenario en su favor. Es mucho más fácil ir sencillamente a la iglesia y entregar un sobre de ofrenda con un cheque en su interior. Pero Dios quiere mayores sacrificios que eso. Lo quiere todo. En el día y la semana del mes que usted tiene por delante, usted tendrá innumerables oportunidades para el sacrificio. Piense en esa persona en el trabajo que para amarlo tienen que librar una batalla. ¿Cómo sería si usted se viera colocando la relación

47

sobre el altar como ofrenda de alabanza a Dios? Usted tiene responsabilidades que no lleva a cabo con la mejor de sus capacidades. Si las pone sobre el altar, allí en el momento de tratar con ellos, ¿en qué forma cambiaría eso su comportamiento?

Es necesario que presente su matrimonio como un sacrificio cada día. Así como también su calidad de padre. También la forma de usar el tiempo libre. Si comenzó a escribir una lista de las cosas que podría presentar en sacrificio, podría no terminar jamás de escribir. Lo importante es la idea *del momento*: «Señor, alabo y exalto tu nombre, y esto lo entrego a ti. Toma mi vida para que sea consagrada a ti, Señor». La verdad es que cuando su vida se convierte en un templo, un hogar para Jesús, usted comienza a ver su rostro en el de todos los que le rodean. Comienza a tratarlos como usted lo trataría a Él. Comienza a comprender que todo suelo es terreno santo, porque Dios está allí. Empieza a ver en cada situación un acto potencial de adoración, ocasión para magnificar el nombre del Señor.

A solas. Servicio. Desafíos. Y finalmente uno que los incluye a todos: Sacrificio. Adore en medio de todo eso, y usted se convertirá en un templo sobre ruedas. Cuando eso ocurra, estará preparado para abrir completamente las puertas de su vida. Créame, usted atraerá a una multitud, la tienda deberá ser más grande cada vez. El mundo está a la espera de ver la persona que usted llegará a ser cuando viva cada momento en la maravilla de la adoración.

5

Los sabios porqués de la adoración

CINCO

Los sabios porqués de la adoración

BRANTLEY TIENE TODOS LOS SÍNTOMAS. Parece haber contraído el síndrome de adolescencia común. Hay mucho de eso por allí.

La puerta del dormitorio de Brantley está cerrada gran parte del día y con un letrero que dice: «PRIVADO! ¡Fuera! ¡ME DIRIJO A TI! ¡No entrar! ABSOLUTAMENTE PROHIBIDO solicitar, molestar, pedir que baje el volumen del estéreo, que haga quehaceres y discutir mis turbulentos cambios de humor. Los hermanos menores ¡NO deben usar NADA de mis cachivaches! ¡Los transgresores serán procesados!»

Todos los intentos de conversar con Brantley se encuentran con una de las siguientes actitudes: (a) ojos cerrados, (b) suspiro de exasperación, (c) el temido refunfuño con encogida de hombros (d) todos los anteriores.

Mamá y papá aceptan todo eso con buen humor —dentro de lo razonable. No han transcurrido muchos siglos, después de todo, que ellos navegaban por las mismas aguas tormentosas, y recuerdan haber dado a sus padres un viaje tempestuoso. También comprenden que hoy puede ser más difícil que nunca ser un adolescente. Sí, mamá y papá tratan de ser pacientes, de buen ánimo y estar disponibles— también dentro de lo razonable.

Anoche, Brantley anunció su nueva política doméstica. De aquí en adelante iba a recibir todas sus comidas en la mesa del comedor, pero se las llevaría al dormitorio para consumirlas.

—Buen intento, pero no tan rápido —dijo el papá—. Nosotros comemos juntos como una familia en una habitación y en una mesa. De esa forma ha sido desde que comías en una silla de bebé.

Silencio sepulcral. Luego Brantley dijo:

—Bien, estoy haciendo esto para que ustedes no tengan que soportar mis ojos cerrados, los grandes suspiros, ni todo aquello que no les gusta.

—Gracias pero sobreviviremos al lenguaje corporal de alguna manera. La presencia en la mesa en las comidas es un absoluto, no una opción, en esta familia.

—Pero, ¿por qué debo comer a la manera *de ustedes*? Y ¿qué si no obtengo nada aparte de sentarme alrededor de una mesa para oír sobre tus ventas y las reuniones de la Asociación de Padres y Maestros de mamá y de los juegos de balompié de Kimberly? Yo podría estas haciendo mis tareas o navegando en Internet.

—La cosa es que hay cosas que son simplemente buenas —como que las familias pasen algún tiempo juntas

Papá lo había planteado bien. La mesa familiar es una de las tradiciones transculturales de larga duración en la vida por una razón: Es simplemente lo correcto. Podemos hacer una lista de muchas otras cosas de esta categoría. Por ejemplo, yo sé que debo dar a conocer mi fe. Puedo hacerlo con desconocidos en un avión, o puedo hacerlo invitando a algunos amigos del vecindario a reunirnos. Pero Jesús me ordenó que divulgue el evangelio, de modo que no puedo tratar eso como una opción.

La adoración es otro ejemplo. Como la vida familiar, debe ser para disfrutarla. Debe nutrirnos y madurarnos, preparándonos para la vida y dejando un sello sobre nosotros para siempre. La adoración y la vida familiar, hechas correctamente, son cosas que nunca pensamos en cuestionar. Podemos comprender su valor y belleza.

UN ACTO DE OBEDIENCIA

Algunas personas han llegado a creer que la adoración es una actividad cristiana optativa. He oído decir a algunos cristianos: «El estudio bíblico es lo importante para mí. No soy dado a cantar himnos ni a pronunciar oraciones. Está bien que muchas personas entren en la iglesia por ese tipo de cosas, pero yo soy una persona más cerebral, y expreso mi fe por medio del estudio».

Desdichadamente ese enfoque nunca se presenta en las Escrituras. A lo largo de la Biblia hallamos que la adoración no es menos opción que comer o respirar. Deje de hacer estas cosas y morirá físicamente. Deje de adorar y morirá espiritualmente. Si deja de pasar tiempo con su familia, su familia no durará. Si no da a conocer su fe, nunca disfrutará del gozo supremo de servir a Dios. Y si no adora —y quiero decir adorar *de verdad*, no simplemente la participación en los cultos— nunca tendrá la experiencia con Dios. Es así de simple.

Imagine que trata de fijar hora y día para respirar todo lo necesario una vez por semana. Todos los domingos se dirige a los de tanques de oxígeno, donde usted y un grupo de «respiradores» conversan sobre las cualidades del aire, se estimulan mutuamente a ser mejores respiradores, cantan algunas canciones sobre el aire y luego completan la respiración del aire necesario para toda la semana. Desdichadamente, antes de salir del estacionamiento está deseando respirar. El culto en la iglesia es esencial, pero también lo es su adoración personal. La necesita consigo todos los días.

Le recomiendo que se tome unos minutos para inhalar los siguientes versículos de la Biblia:

Dad a Jehová la gloria debida a su nombre;
Adorad a Jehová en la hermosura de la santidad.

—SALMO 29:2

Lleguemos ante su presencia con alabanza;
Aclamémosle con cánticos.
Venid, adoremos y postrémonos;
Arrodillémonos delante de Jehová nuestro Hacedor.

—SALMO 95:2, 6

Porque grande es Jehová y digno de suprema alabanza...
Alabanza y magnificencia delante de Él;
Poder y gloria en su santuario.
Adorad a Jehová en la hermosura de la santidad.

—SALMO 96:4, 6, 9

Según la Palabra de Dios, las criaturas deben amar a nuestro Señor con todo su corazón, alma y mente. A Él hay que alabarlo, bendecirlo; gloriarse en Él, regocijarse en Él; hay que exaltarlo, temerle, ensalzarle, y darle gracias. Podríamos agregar muchos otros verbos. La idea es que nosotros adoramos a Dios con *todo lo que tenemos*. Nuestra adoración procede de la obediencia y de un corazón agradecido.

La adoración no es un deporte para espectadores; es un deporte de *contacto*. Cada uno de nosotros está presente para entrar en contacto con el Espíritu de Dios, y nuestra adoración no consiste solamente en oír, sino en estar completamente involucrado en todo lo que sucede cuando venimos ante Dios.

Si usted va a nadar, no se queda al costado de la piscina, chapoteando suavemente con un dedo del pie en el agua fría. Finalmente llega el momento de lanzarse al agua. No hay manera de nadar sin usar todo el cuerpo, a menos que quiera hundirse y ahogarse. Si usted ha tratado de cruzar a nado una laguna, sabe que se necesita el compromiso de todo el cuerpo, incluidos los ojos, boca, pulmones, brazos y piernas. Por eso es que la natación es uno de los mejores ejercicios físicos y los doctores la recomiendan de todo corazón. Usa todo dentro de usted, todos los músculos de su cuerpo.

La adoración requiere el mismo tipo de compromiso espiritual. No se siente en la última banca, apenas chapoteando con un dedo en las profundas aguas espirituales. Bucee hacia la maravilla de la presencia de Dios.

Creo que la mayoría de las personas adoran por lo que pueden obtener y no por lo que pueden dar. Pero la paradoja es que salimos con la suma equivalente a lo que hemos llevado. Le desafío que en la próxima oportunidad que adore, privada o corporativamente, intente esto. Pida a Dios que le muestre como darse por entero a los actos de alabanza y adoración. Dígale que quiere saltar del tablón a las aguas profundas y experimentar su reverencial presencia. Simplemente llévele esa actitud obediente y pida que le enseñe a adorar con todo el corazón, alma, mente y fuerzas. Le garantizo que se sentirá más refrescado que con la mejor de las sesiones de natación que haya tenido.

ACTO DE REVERENCIA

La palabra *adoración* lleva el sentido de devolver a Dios lo que le corresponde, asignarle el lugar que le corresponde verdadera y propiamente. Todos los problemas el mundo se deben a no hacerlo. Cada pecado finalmente puede atribuirse a no tributar a Dios la prioridad y el Señorío correspondientes a Dios.

Es bastante interesante notar que algunas palabras hebreas y griegas para *adoración* derivan de la antigua práctica de inclinarse a tierra como señal externa de reverencia. Es algo que podemos hacer en el cuerpo y en el espíritu. Entonces, la adoración es el reconocimiento apropiado de Dios y su celebración, devolviéndole la gloria que solamente Él merece, y darle honra con nuestras vidas y nuestras palabras.

En Apocalipsis 4:10-11, encontramos lo que quizás sea la imagen definitiva de la adoración. La escena ocurre justo ante uno que comienza nuestro viaje —escena en que no se encuentra a nadie digno de desatar los sellos del rollo. Hay veinticuatro ancianos presentes, probablemente en representación de la iglesia de Cristo. Estos ancianos están vestidos de blanco, e incluso tienen coronas puestas. Pero todos se postran en reverencia y adoran ante el Rey eterno que está sentado en el trono. Ponen delante de Él todo lo que son y todo lo que tienen, y cantan:

> Señor, digno eres de recibir la gloria y la honra y el poder; porque tú creaste todas las cosas, y por tu voluntad existen y fueron creadas.
>
> —APOCALIPSIS 4:11

La majestuosa escena es una imagen mental que debe quedarse grabada en nuestra mente, y no es otra cosa que decidirse a devolver a Dios lo que Él merece. En los días de la aparición del Apocalipsis de Juan, los romanos aún estaban en lo más elevado de su poder. Siempre que un rey era vencido por las legiones romanas, lo llevaban a Roma para que se postrara ante el emperador, o si no podía hacerse eso, se le exigía que se inclinara y pusiera su corona ante una enorme imagen del César. Los romanos exigían que todo rey vencido demostrara que reconocía la superioridad del emperador romano. Los ancianos en la visión de Juan usaban coronas, pero muestran la misma sumisión total al Rey de reyes y Señor de señores.

UN RECONOCIMIENTO DEL SACRIFICIO DE CRISTO

En la actualidad cuando adoramos nos sentamos de este lado de la cruz. Comparado con los que llevaban carneros para el sacrificio, tenemos una nueva relación y una experiencia nueva en la adoración. Hemos sido redimidos por la sangre derramada en nuestro favor. Ya no tenemos que ofrecer animales: basta con nosotros mismos. No es necesario que esté con nosotros un sacerdote o un intermediario para entrar en el Lugar Santísimo. Podemos adorar en la presencia misma de Dios, porque Jesús rasgó el velo para siempre. Eso también significa que el templo ya no es la localización central de toda adoración, como lo fue durante una época el templo. Ahora su corazón está donde está la acción. La adoración se ha convertido en algo «portátil» —un templo sobre ruedas como lo hemos llamado.

Cuando Jesús conversó con la samaritana junto al pozo, los dos iniciaron un diálogo sobre el lugar correcto para la adoración. La mujer recitó la antigua y cansadora controversia. Los samaritanos pensaban que la verdadera adoración debía ocurrir dentro de las fronteras de Samaria; los judíos que de nada valía si no se hacía en Jerusalén. Naturalmente ella quería conocer las coordenadas geográficas para un culto válido según Jesús.

Jesús respondió con mucha paciencia. Le dijo que la respuesta no es ninguna de las anteriores. En aquel tiempo la gente adoraba ignorantemente. «Él dijo: Mas la hora viene, y ahora es, cuando los verdaderos adoradores adorarán al Padre en espíritu y en verdad; porque también el Padre tales adoradores busca que le adoren» (Juan 4:23).

La hora había llegado justamente allí junto al pozo —y el nombre de la hora era *Jesús*, porque él había redefinido la adoración para siempre. Estaba destinado a morir en la cruz, y en el milagro de aquel momento todo iba a ser nuevo. El velo se rompería para siempre, de arriba abajo, señal visible que el Lugar Santísimo ya no era un club exclusivo: estaba abierto para todos. Al pie de la cruz, el suelo tenía el mismo nivel para todo el que se arrodillara sobre el polvo salpicado de sangre.

Si realmente entendiéramos todas las profundidades que son consecuencia de ese hecho, usted y yo veríamos la adoración de una nueva manera: la veríamos como una celebración. Es un emblema de las noticias más grandes que haya habido ni habrá. *Nada* puede separarnos del amor de Dios. Pensamos en el culto en tonalidades de dignidad, rostros sombríos y santuarios oscuros. Pero, ¿no es verdad que la adoración es, en esencia, la mayor de todas las celebraciones?

Cuando nos comprometemos en matrimonio, hacemos una fiesta. Cuando nos graduamos de una buena institución después de años de estudio, invitamos a todos nuestros amigos para que celebren con nosotros. Cuando recibimos la noticia que todos nuestros pecados, de ayer y de hoy han sido lavados de una vez para siempre; que el Espíritu mismo ha venido a hacer su residencia en nuestro corazón, para no dejarnos jamás; que hoy comenzamos una transformación que nos llevará cada día un poco más hacia la semejanza de Cristo; que en todo momento, en cualquier escenario, podemos presentarnos confiadamente en Su presencia y abrazarle; ¿no es el hecho de comprender estas cosas un motivo para festejar con todo gozo? Sin embargo, adoramos con los ojos bajos, oraciones entre dientes y pensamientos ausentes.

Mi hija Jan dijo una vez: «Papá. Lo único malo con nuestra adoración es que no logramos tener gozo». Creo que habla con sabiduría. Esto no quiere decir que la adoración no deba tener altura y dignidad, pero podemos estar de acuerdo que debiera siempre estar empapada de gozo, algo que ocurre en variados formatos y modos.

Esto es lo que el gran predicador Charles Spurgeon tenía que decir sobre el tema: «Cuando habléis del cielo, dejad que vuestro rostro se ilumine, irradiado con un resplandor celestial, que vuestros ojos brillen con el reflejo de Su gloria. Pero cuado habléis del infierno, entonces basta con el rostro como lo tenéis ahora».

Gozo, se ha dicho, es la bandera que usted enarbola desde el castillo de su corazón cuando el Rey reside allí. Es necesario que levantemos muy en alto esas banderas.

UN REFLEJO DE SU VIDA

Los jugadores de fútbol profesional dicen que su juego el día domingo refleja cómo fue la práctica durante toda la semana. Permítame sugerirle que con la adoración ocurre exactamente lo opuesto. Vivimos la semana como un reflejo de cómo adoramos, el domingo o cualquier otro día. La adoración es realmente algo como el discurso de la unión del estado para su vida. Le dice cómo se siente respecto de Dios en este momento, y prepara el camino para cómo será su vida como resultado. Nos acercamos a Dios de un modo que refleja el estado de nuestra vida presente.

En Romanos 12:1, Pablo escribe: «Así que, hermanos, os ruego por las misericordias de Dios, que presentéis vuestros cuerpos en sacrificio vivo, santo, agradable a Dios, que es vuestro culto racional». La Nueva Versión Internacional traduce la última frase: «adoración espiritual». Al venir y ponernos sobre el altar de Dios, cuerpo, alma y espíritu, le decimos: «Señor, heme aquí. Hazme tu instrumento de música celestial. Tócame toda la semana para tu honra y gloria. Que todo lo que haga, diga, en todo lugar donde vaya, todo pensamiento y toda relación puedan reflejar mi amor por ti y mi adoración en tu presencia».

Durante su brillante carrera, el compositor Franz Josef Haydn escribió el gran oratorio *La Creación*. Al final mismo de su vida, estuvo presente para escuchar la música ejecutada en toda su magnificencia. Haydn estaba viejo, agotado y débil. Lo llevaron cuidadosamente en una silla de ruedas y atendieron todas sus necesidades. El maestro compositor quedó en un lugar prominente en uno de los costados del escenario desde donde sus oídos debilitados pudieran oír mejor. Durante la porción del oratorio en que oímos a Dios decir: «Sea la luz», el coro y la orquesta llegaron a un *crescendo*. Es una expresión musical de gozo y alabanza, la magnificencia de laceración. Cuando se llegó a dicho punto, hubo una reacción increíble de todos los presentes. Quizás fuera en parte por la presencia del compositor. Quizás fuera que la ejecución misma era tan majestuosa, tan conmovedora. La audiencia, vencida por la emoción, se puso de pie a una y comenzaron a vitorear y aplaudir de gozo.

Todos los ojos se volvieron al venerable compositor, que, en su silla de ruedas, luchaba por ponerse de pie. Se puso en medio del escenario lateral, donde todos pudieran verlo, y pidió silencio. Un obediente silencio se produjo en el salón. Con la fuerza limitada de sus brazos, el compositor señaló hacia el cielo y dijo: «¡No! ¡No es de mí, sino de allá de donde viene todo!» Entonces silenciosamente procuró sentarse nuevamente.

Era todo para la gloria de Dios: toda la música celestial, toda la armonía etérea y el gozo trascendente. Toda buena dádiva viene de lo alto y señala hacia su fuente. Haydn sabía que el resto es simplemente notas negras en un papel blanco. El sermón más grande y más eficiente que pueda predicar no es sino para la gloria de Dios. Las mejores marcas de cualquier deportista olímpico es un tributo a la obra de la mano del Maestro. La tarea más grande que realice esta semana —o cualquier logro cumbre en su vida— es solamente un débil reflejo de la dignidad de su *adoración*. En nuestra mejor expresión. No somos grandes lienzos de arte, sino simplemente espejos que reflejan la luz divina. No podemos olvidar jamás la lección de Haydn. Todo en nuestra adoración, sea en una silla de descanso con una taza de café en la mano y una Biblia abierta, o en el santuario más hermoso del mundo, debe ser como un dedo que señala al cielo y dice: «No me miréis a mí. ¡Poned los ojos en el cielo!»

¿Podría ocurrir que si nos empapamos de esa filosofía habría menos críticas a la iglesia y contra el cristianismo? ¿Podría ocurrir que si volvemos nuestros rostros a la luz del cielo, seríamos moldeados a la imagen de Cristo con mayor rapidez y en forma segura? ¿Podría ocurrir que si finalmente ponemos todo lo que tenemos, todo aquello a que aspiramos y todo lo que somos delante de Dios en el altar de la adoración, Él nos lo devolvería lleno con Su luz, y transformado por Su gloria?

No nos quedemos cortos en cuanto al gozo. Aprovisionémonos de modo que nuestros hogares, nuestras iglesias y nuestros lugares de trabajo rebosen de gozo. Empapemos nuestra vida diaria con gozo y con la maravilla de la adoración. Todo lo que necesitamos es volver los ojos al cielo y celebrar lo que vemos.

6

Todo o nada

SEIS

Todo o nada

ELLA VIVÍA EN LA CIUDAD de Londres, en la planta alta de una casa de vecindad. Había traído su parte de grandes sueños a la gran ciudad. Pero lo que ocurrió estaba más allá de sus sueños más descabellados.

Como siempre, ocurrió sin que nadie lo esperara. El edificio —el lugar que ella llamaba su hogar— estalló en llamas. Ella quedó atrapada en el piso alto. Mientras el fuego se extendía fuera de control, una joven aterrada fue vista en una ventana abierta, llorando y pidiendo ayuda. Cada puerta, cada vía de escape estaba cortada por las llamas. A la conmovida multitud que se había reunido, le parecía que a ella solo le quedaban pocos momentos de vida.

De repente, una escalera subió hacia el cielo. Se apoyó en su ventana y un valeroso bombero tomó a la joven en sus brazos y la bajó a un lugar seguro. Así como los inolvidables héroes americanos en el World Trade Center, este servidor público arriesgó su vida para salvar otra vida. Segundos más tarde, el techo del piso donde vivía la mujer se desplomó.

La escena, por cierto, era de una caótica conmoción. Los vecinos reían y lloraban; la gente tomó a la joven y la llevaron al hospital, y en poco tiempo el bombero desapareció de la escena. Ella no alcanzó ni siquiera a darle las gracias.

Durante los días siguientes, la joven llamó al departamento de bomberos de Londres, conversó con unos pocos hombres, y averiguó el nombre de su salvador. Por teléfono por fin pudo expresarle efusivamente su gratitud. Los dos jóvenes comenzaron a conversar, y de la conversación surgió la amistad. Ninguno tenía un compromiso romántico.

Un incendio había sido sofocado, pero surgieron nuevas chispas, esta vez de romance. La amistad se convirtió en amor y el amor llegó al matrimonio. Mucho después la joven contaba a sus amistades que nunca podría olvidar cómo su esposo la había salvado de las llamas. Sabía que sin él seguramente hubiera muerto. Pero el rescate y el romance son dos mundos separados. El bombero había llegado a ser más que un salvavidas; se había convertido en objeto de adoración.

Pienso que el problema que tenemos la mayoría de nosotros con la adoración es que nunca hemos hecho esa «llamada telefónica», el que procura saber más acerca de aquel que nos salvó. Muchos de nosotros tenemos una vaga conciencia de haber evitado el infierno, pero no sentimos ningún vínculo emocional particular con nuestro Rescatador. Lo llamamos de vez en cuando, cada vez que necesitamos un nuevo rescate: «¡Señor, ayúdame! ¡Estoy envuelto en problemas económicos!» O, «¡Toma la escalera otra vez, Maestro! ¡Estoy sin empleo!» Vemos a Dios como alguien que responde el llamado de emergencia, como los bomberos, se lanza por el tubo de metal desde el cielo, nos saca de las llamas, y desaparece prudentemente. Nunca damos el paso de la salvación a la adoración, de encuentros breves a una relación profunda para cada día y cada momento.

Si usted y yo no podemos imaginar cómo dar nuestra vida de esa manera, quizá necesitamos una experiencia más profunda con el

Hombre en la escalera de madera: el Hombre que extendió sus brazos para mostrarnos cuánto nos amaba.

PRIMERA ADORACIÓN

Todo esto trae hasta nosotros a un hombre llamado Abraham. En este capítulo y en el siguiente, nos presentará un modelo enteramente nuevo de adoración, cuando nos introduce por primera vez en la Palabra misma.

Los que estudian en serio la Biblia se refieren a la Ley de la Primera Mención. No es tanto una ley, sino realmente un principio de las Escrituras. Si usted elige una palabra bíblica importante —digamos, *adoración*— descubrirá que su primera aparición en la Biblia establece el cómo para todas las riquezas de significado que pudieran emerger. A lo largo de la Palabra, encontramos diversos entendimientos nuevos y muchas variaciones en el tema, pero el primer corte es el más profundo; la Primera Mención nos da el cuadro esencial.

Y, ¿qué de la adoración? Inicialmente encontramos la palabra en Génesis 18:2. Abraham atiende a tres desconocidos que resultaron ser el Señor y dos ángeles. Las Escrituras dicen que cuando los vio «se postró en tierra» (Génesis 18:2). La palabra hebrea traducida de esta acción es la que reconocemos como *adorar*, y es la comprensión esencial del concepto.

Pero la primera mención de las Escrituras de la palabra *adorar* según la entendemos en sentido más formal —el acto intencionado de adorar— se encuentra cuatro capítulos después. En Génesis 22:5: «Entonces dijo Abraham a sus siervos: Esperad aquí con el asno, y yo y el muchacho iremos hasta allí y adoraremos, y volveremos a vosotros». Abraham sube al monte con su hijo, a quien debe ofrecer en sacrificio. La mayoría de nosotros recuerda esta historia con dolor punzante, como uno de los relatos más desgarradores de todas las Escrituras. Dios había hecho esperar a Abraham muchos años para tener este hijo —no solo su amado hijo, sino la preciosa simiente de una nación prometida— y ahora el obediente padre ha recibido el pedido de poner al hijo en un altar y devolverlo a Dios.

¿Cómo ha respondido a los momentos más aterradores de la vida? Esas son las ocasiones que identifican de qué estamos hechos interiormente. En el momento mismo en que se acerca el momento horrible, le dio a la experiencia un nombre curioso; no se encuentra en la Biblia antes de esta ocasión; no en esta forma. La llamó *adorar*. Dice «yo y el muchacho ... adoraremos». ¿Puede usted imaginar un cuadro más profundo y conmovedor del poder de la fe? Abraham está dispuesto a dar todo lo que tiene, todo lo que le es precioso, a aquel que se lo dio. Es el bombero que se lanza entre las llamas. Es una dedicación sin reservas al servicio a través del sacrificio. Abraham amaba a su hijo. Como cualquier padre, sin duda hubiera dado su propia vida por salvar la de su hijo. Pero Dios le exigió algo más: su hijo. Nadie podría imaginar una petición más dramática y dolorosa.

Es una entrega del todo o nada: una completa dedicación. No existe un camino intermedio de estar medio crucificados con Cristo. No existe el camino en que podamos tomar la mitad de la cruz y seguirle. No existe el camino de ser medio refinados por los fuegos de la purificación.

La verdadera adoración es verdadero sacrificio. Es una verdad dura, pero es solo el comienzo. Ahondemos un poco más en esta profunda y antigua narración.

RECONOCER SU VOZ

Se nos dice desde el principio mismo, en los primeros versículos de este relato, que Dios iba a probar a Abraham. Toda una nación, le había dicho Dios, saldrá de él. Los hijos de Abraham serían más numerosos que las estrellas del cielo y que la arena a la orilla del mar. En su familia todas las generaciones recibirían su bendición (Génesis 22:17-18). ¿Qué hombre era digno de engendrar una raza así? Como preparación Dios había probado a Abraham, y tenía que pasar la prueba más difícil de todas. Usted y yo podemos ver eso ahora con toda claridad. Nunca sabremos con qué claridad podía verlo Abraham en ese momento.

Dios llama a Abraham, y le dice exactamente lo que debe hacer. Le dice que tiene que ir a la tierra de Moriah y esperar más instrucciones, ocasión en que debía ofrecerle su hijo en holocausto. Entonces todo comienza con la voz de su amo. La adoración llega como un mandato, no como una sugerencia. Dios le dice a Abraham dónde sacrificar, y qué sacrificio debe hacer. La adoración no viene como fruto de nuestro impulso, de una necesidad sentida, ni de nuestra creatividad; es mandamiento expreso de Dios. *La adoración es idea de Dios.* Viene de las profundidades de su corazón con la plenitud de su pasión. El comienzo mismo de nuestro viaje hacia las profundidades del conocimiento de Dios lo marca su voz que nos llama a venir y adorarle.

Vale la pena detenerse aquí y considerar: ¿Qué clase de historia tendríamos sin esos dos primeros versículos que dan el mandato de Dios?

Tendríamos, para decirlo sin rodeos, la historia de un homicidio premeditado: un infanticidio, por cierto, de lo más horroroso. Estaría lejos de ser una historia de devoción sino más bien una historia demoníaca. Jamás se podría usar, como aparece en la Biblia, para demostrar el amor y el plan de Dios.

Pero tenemos el contexto devoto. Tenemos a Dios, en los primeros versículos, que llama a su hijo a un acto de ardiente, refinadora y purificadora obediencia que lo prueba hasta lo más profundo del alma. Mucho después, en los versículos que a manera de conclusión de esta historia aparecen en el Nuevo Testamento, tenemos a Dios haciendo el mismo sacrificio, entregando a su único Hijo, su unigénito, sobre el altar y ofreciéndolo en sacrificio; pero esta vez no se detiene la mano ejecutora. Tan profundo es el amor de Dios por nosotros, tan profundo es su deseo de bendecir a todas las generaciones, que Él mismo hace el sacrificio que suspendió de la mano de Abraham. Cuando vemos esta introducción y su conclusión, el principio y el fin del mandamiento de Dios, podemos entender. Y quizá nosotros también nos postremos de rodillas y le adoremos en medio de un dolor acervo y del amor supremo que vemos. Esta historia no se convierte en un enigma curioso, sino en tierra santa, en la que experimentamos a Dios de un modo profundo.

Abraham reconoció la voz de su Amo; nosotros también.

RESPUESTA A SU MANDATO

Génesis 22:3 nos dice que «Abraham se levantó muy de mañana». Hizo todos los preparativos para su viaje, ensilló el asno y llamó a dos de sus siervos. Luego despertó a su hijo Isaac. Debe de haber sentido que miraba por última vez el sueño profundo y apacible de su hijo. Abraham cortó la leña para el fuego y luego partió con rumbo al lugar indicado por Dios. Piense en lo melancólicas que habrán sido todas estas actividades. Cada una le daba la oportunidad de reconsiderar y rebelarse. Quizá había imaginado esa voz del cielo. Quizá podía demorar y esperar un mejor tiempo, o que Dios cambiara de parecer. Quizá podría pretender que jamás había oído el mandato.

Póngase en las sandalias de Abraham. ¿Qué si la voz de Dios viniese a usted hoy día con esa petición? ¿Qué haría?

Yo puedo imaginarlo perfectamente, porque tengo hijos propios. Si Dios me llamara para darme ese mandato, me tomaría dos minutos para estar al teléfono con mi círculo de pastores amigos. Les pediría que me ayudaran a interpretar lo que habría oído de Dios. Cada frase mía, absolutamente matizada, estaría inclinada a lograr que mis amigos me convencieran que había escuchado mal. Pediría a mis consejeros que me ayudaran de alguna manera a llegar a esa conclusión. Entonces, me tomaría un tiempo para orar y reflexionar; todo el tiempo que fuera necesario para racionalizar cómodamente el sencillo mandamiento de Dios.

Por lo menos sospecho que yo haría algo por el estilo frente a un mandamiento tan difícil, y quizá usted hiciera lo mismo. W. C. Fields, según la leyenda, estaba muriendo y dejó sorprendido a un amigo cuando pidió una Biblia. Cuado le preguntó al comediante qué estaba haciendo, Fields replicó: «Busco una escapatoria legal». Y todos nosotros hacemos algo de esto cuando llega el momento de una verdadera obediencia que requiere sacrificio.

Pero no ocurrió así con Abraham. La Biblia da el detalle de cada acción, cada una de las cuales era un paso más a lo largo del espinoso camino que Dios le había puesto por delante. De hecho, se nos dice que Abraham se levantó temprano en la mañana para poner su mente en la más difícil de las tareas que había tenido que enfrentar. No se reportó enfermo. No buscó resquicios. Abraham salió para lo que el Señor le había definido como adoración, y lo hizo sin cuestionar.

Robert E. Webber escribió un libro muy útil, *Worship Is a Verb*. Cuando vi su título en una librería, quedé intrigado. La tesis de Webber es que la adoración no es un sentimiento, ni un proceso mental. Es algo mucho mayor que una simple emoción. Adorar, dice, es una actividad que desarrollamos en obediencia a mandatos de Dios. Está lejos de ser pasiva, sino algo en que participamos cordialmente, algo que podemos realizar cada momento de cada día.[1]

No le restemos importancia a este punto; no es tan evidente como parecería a primera vista.

Para muchos de nosotros, la adoración se ha hecho tan participativa como un juego de fútbol de la Liga Nacional. Quizá lo vemos por televisión; quizás nos aventuremos a ir al estadio y sentarnos en las graderías. Pero la única experiencia que tenemos con el fútbol profesional es de carácter *vicario*. De la misma manera muchas personas se sientan en las bancas o ven la predicación por televisión; pero eso es ser un espectador de deportes, no un adorador. Esta manera es informal y desconectada. Dios nos llama a salir del sofá, de la banca, de la actitud lejana que nos permite conservar una distancia segura. Él nos llama, como al incrédulo Tomás, a ir adelante y palpar las heridas de sus manos. Nos llama a enfrentar el misterio de su manifestación. Nos llama a asumir un papel central y dinámico en la aventura, la búsqueda de toda la vida, de conocerle. Solo ocurre cuando tomamos la adoración no como un sustantivo, sino como un verbo y lo ponemos en acción.

Dios pidió a Abraham que siguiera adelante. No importa cuán renuente fuera o se haya sentido, obedeció. Obedeció levantándose temprano, ensillando el asno, llamando a sus siervos, cortando la leña. Y emprendiendo el camino. La experiencia del corazón se inicia con el trabajo de las manos. Debemos responder al mandato de Dios con la iniciativa de la acción física.

Devolución de lo mejor

El segundo versículo de nuestro pasaje me resulta difícil de leer. Nunca deja de producir un nudo en mi garganta y lágrimas en mis ojos. Dios le dice a Abraham: «Toma ahora tu hijo, tu único, Isaac, a quien amas, y vete a tierra de Moriah, y ofrécelo allí en holocausto sobre uno de los montes que yo te diré» (Génesis 22:2).

Como hemos visto, el hijo de Abraham lo era todo para él. Todos amamos a nuestros hijos, y cada uno es especial y único. Pero este era *muy* especial; lo habían esperado, habían orado por él y por fin se regocijaron cuando llegó después de varias décadas de espera. ¿Solo para quemarlo como a un animal? La obediencia de la mente y la razón no siempre están en perfecta armonía.

Este pasaje nos cuesta entenderlo cuando lo leemos en Génesis. Solo en Hebreos, en la otra parte de la Biblia, es cuando vemos el enigma resuelto. Nunca olvidaré la primera vez que leí este versículo en forma cuidadosa. Mi mandíbula casi se golpeó contra el suelo. Hebreos da una excelente luz sobre la prueba de Abraham:

> Por la fe Abraham, cuando fue probado, ofreció a Isaac; y el que había recibido las promesas ofrecía su unigénito, habiéndosele dicho: En Isaac te será llamada descendencia; pensando que Dios es poderoso para levantar aun de entre los muertos, de donde, en sentido figurado, también le volvió a recibir.
>
> —HEBREOS 11:17-19

Es muy simple: Abraham había recibido una promesa. Tenía la afirmación de Dios acerca de que Isaac sería parte de una gran línea de personas que serían de bendición al mundo. Pero ahora Dios le pedía que le diera el niño en sacrificio. Dios no rompe sus promesas, de modo que la única conclusión para Abraham era que ¡el Señor tendría que resucitar a Isaac de entre los muertos! Ese era el espíritu de confianza de Abraham, dispuesto literalmente a poner su fe bajo el cuchillo.

Abraham tenía que llegar a ese altar tal como era, con sus preguntas y todo. «Aquí estoy, Señor. No entiendo. No estoy sin profundos temores y dudas. Pero la obediencia es mi verdadero sacrificio. Es mi obediencia lo que pongo sobre esta piedra delante de ti. Obediencia y confianza. Tú jamás faltarás a tu promesa, y yo jamás debo dejar de obedecerte».

Abraham puso todas estas cosas sobre el altar. Puso sus preguntas, su confusión y sus emociones. Puso su fe y su obediencia. Todo era una prueba de prioridades para revelar lo que finalmente debería permanecer, a qué debía aferrarse Abraham cuando todo lo demás le fuera arrebatado violentamente. ¿Cómo pasaría usted esta prueba? ¿Adoraría en completa obediencia si le quitaran todo lo que poseía en el mundo, si toda posesión mundanal, toda relación amada, cada esperanza y sueño estuvieran perdidos para usted? ¿Qué cree que le pediría Dios que pusiera en el altar de la prueba en su vida?

Es una pregunta delicada para usted y para mí, pero quizá sea la pregunta central de la adoración. No sé dónde está su lugar principal de adoración, si en el silencio de su estudio o en la banca de su iglesia. Probablemente sea un lugar cómodo. Pero, ¿y si no fuera tan cómodo? ¿Qué si la adoración le pidiera la cosa que usted más valoriza en el mundo? En ese mismo momento descubrirá mucho acerca de usted mismo. Oiría la voz de Jesús que le dice sobre su hombro, que «donde esté vuestro tesoro, allí estará también vuestro corazón» (Mateo 6:21). A menos que usted tenga una mente rigurosa, disciplinada, condicionada por una vida de adoración permanente y de cada día, bien podría ser vencido por el desafío.

En este momento de claridad y refinamiento, Abraham demostró lo que tenía dentro de sí, y su profundidad. Usted podría ir a las profundidades mismas del alma de Abraham, debajo de todos sus amores, valores y prioridades que pudieran motivarlo, y encontraría que su fe alcanzó mayor profundidad. Se mantuvo firme.

¿Cómo responde el Señor a esa profundidad de adoración?

Por mí mismo he jurado, dice Jehová, que por cuanto has hecho esto, y no me has rehusado tu hijo, tu único hijo; de cierto te bendeciré, y multiplicaré tu descendencia como las estrellas del cielo y como la arena que está a la orilla del mar; y tu descendencia poseerá las puertas de sus enemigos. En tu simiente serán benditas todas las naciones de la tierra, por cuanto obedeciste a mi voz.
—Génesis 22:16-18

¡Cuánto anhela Dios que seamos de corazón puro en nuestra obediencia! Las puertas del cielo se abrirán con su gozo y bendición. Pero, ¿estamos consagrados, *totalmente* consagrados?

Quizá haya oído la historia de un niñito cuyo hermano pequeño estaba gravemente enfermo. Era necesaria una transfusión de sangre, y un hermano suele ser la mejor compatibilidad para la transferencia. Los padres apartaron al niño y suavemente le explicaron la necesidad. «Tu sangre podría salvar la vida de tu hermanito. Sin ella, podría morir», le dijeron.

El pequeño asintió con tristeza y aceptó participar en la transfusión. Cuando las enfermeras preparaban los instrumentos, le pidieron que cerrara los ojos y descansara. Él preguntó. «¿Será rápido o lento?» Le respondieron que no llevaría mucho tiempo sacarle sangre. «Pero, ¿cuánto tiempo me llevará a mí?», preguntó insatisfecho aún. Resultó que el niñito no había entendido; pensaba que iba a dar no solo su sangre, sino su vida. Estaba dispuesto para salvar a su hermano menor.

Es un compromiso de todo o nada. Es buscar el objeto de la adoración entre las llamas. El Señor anhela bendecirnos cuando le adoramos en verdad; Abraham descubrió eso. Fue un momento de incomparable santidad, y creo que esa cumbre en particular, en ese momento, se convirtió en tierra santa. En el capítulo siguiente, les mostraré por qué, y la respuesta pudiera sorprenderles.

7

Esta tierra bendita

SIETE

Esta tierra bendita

N UN MAL DÍA, el arca del pacto cayó en manos enemigas. Los enemigos del pueblo de Dios la capturaron y la guardaron entre los demás tesoros que eran botín de los adversarios derrotados.

Imagínese la desmoralización de los israelitas. El hermoso cofre de oro era el receptáculo que guardaba y protegía las tablas de la ley de Dios, las sagradas tablas esculpidas por el dedo de Dios, y que Moisés trajo desde la montaña. El arca era el gran símbolo de la presencia y dirección divinas. Había estado con el pueblo de Dios cuando cruzaron el Jordán. Estaba allí cuando Dios derribó los muros de Jericó. A través de montes y valles del tiempo de los Jueces, el arca había sido un constante y poderoso recordatorio de la presencia de Dios con su pueblo, y de que sus leyes eran sagradas. Pero los filisteos se apoderaron del arca en el campo de batalla en Eben-ezer.

¿Qué ocurre cuando los paganos se apoderan de algo que es sagrado, que es esencial? Recuerden, los israelitas no tenían capacidad para adorar sin el beneficio del sumo sacerdote y las ceremonias del Templo; no como usted y yo. El arca no era un simple símbolo. Era su precioso vínculo con Dios mismo.

Para los israelitas hubo sufrimientos, pero a los filisteos no les fue mejor. Comenzaron a reconsiderar lo de su botín cuando la extraña caja de madera capturada les trajo siete meses de plagas. Así el arca llegó a ser lo contrario, un tesoro no deseado. David la llevó en desfile por las calles de Jerusalén. Hubo gritos y risas cuando la procesión avanzaba hacía su última etapa. Hubo danzas y regocijo, celebración y adoración. David la puso en un tabernáculo, y el arca estuvo nuevamente en casa.

Pero a medida que David meditaba en el asombroso viaje de las tablas, su gozo comenzó a decaer. Algo no estaba del todo bien. Dijo: «Mira ahora, yo habito en casa de cedro, y el arca de Dios está entre cortinas» (2 Samuel 7:2b). Dios merece solo lo mejor; merece el templo más hermoso que las manos humanas puedan confeccionar. Quedó en las manos de Salomón, hijo de David, llevar a cabo la gran construcción; era el cronograma divino, pero David fue el primero que fue agitado por la pasión de dar a Dios lo mejor como lugar de adoración.

David comenzó a buscar la localización para el gran templo que visualizaba. Las escrituras dicen que encontró un lugar de su agrado, la era de Arauna Jebuseo. David fue donde Arauna y le dijo lo que había en su corazón. Le describió el mayor lugar de adoración imaginable, lugar donde el pueblo pudiera entrar en la presencia de Dios por tiempo inmemorial.

David dijo a Arauna que quería comprar la propiedad. Pero después de escuchar cuidadosamente, Arauna contestó que no podía aceptar pago por la tierra que iba a ser tierra santa; no, la tierra debía ser su dádiva de amor.

En este punto, la mayoría de nosotros hubiera sonreído y elogiado a Arauna por su generosidad. Pero no David, porque entendía un principio profundo que usted y yo tenemos la tendencia a olvidar. Moviendo la cabeza, dijo: «No, sino por precio te lo compraré; porque no ofreceré a Jehová mi Dios holocaustos que no me cuesten nada» (2 Samuel 24:24).

Algunas cosas de la vida deben tener un costo; no pueden ser gratis ni baratas. La adoración es una de ellas. Muchos de nuestros eventos de adoración se han relajado tanto, son tan frívolos e informales que no solo no nos cuestan nada, sino que están más enfocados en el entretenimiento que en el sacrificio. La insistencia de David sobre la transacción financiera podría haber sido el simple gesto de un hombre rico, pero estaba fundada en la sobria comprensión de que la adoración debe estar edificada sobre un cimiento de sacrificio, de llevar al altar lo mejor, y solamente lo mejor, que tengamos. No debe ser gratis, ni debe pasar livianamente.

EL LEGADO DE LA TIERRA

¿Está preparado para una sorpresa? El hijo de David construyó el templo, lo hizo sobre el mismo terreno donde Abraham una vez puso a su hijo amado sobre el altar.

En el capítulo anterior, comenzamos la exploración de ese profundo evento; en este capítulo completaremos el viaje. Ya hemos visto que en la ecuación bíblica, la verdadera adoración empieza para el pueblo de Dios, luego alcanza su más completa expresión en el sitio donde se puso a prueba la validez de la adoración de Abraham. Por extensión, muchos otros acontecimientos santos están vinculados a ese terreno, punto central de la historia hasta el día de hoy.

El destino de Jesús se decidió en ese punto. Muchos de los acontecimientos de la semana de la crucifixión ocurrieron en la misma tierra donde Abraham, David y Salomón tuvieron sus grandes momentos de revelación. Jesús llegó al punto de identificarse con el Templo, diciendo que sería destruido y reedificado en tres días. Como era previsible, esa afirmación causó gran conmoción y sirvió para acusarlo y arrestarlo.

Pero el doble sentido de la declaración era que su cuerpo sería destruido y luego resucitado. En el año 70 los romanos destruyeron el templo mismo.

El doble sentido fue intencional, porque Jesús se convirtió en nuestro templo, el receptáculo de la ley y la presencia de Dios. En la actualidad, un viaje a Israel le permite llegar a un lugar llamado la Cúpula de la Roca, que es el mismo lugar del que hemos estado conversando. En este punto del tiempo, los musulmanes, que decidieron que Mahoma y su caballo ascendieron al cielo desde aquí, tienen el control de este sitio. Pero aún falta escribir la página final. Se nos dice que este mismo sitio en Jerusalén, el lugar a donde Abraham fue con su hijo a su lado y con lágrimas en sus ojos, el lugar donde David estuvo parado y visualizó el mayor templo construido por manos humanas, el lugar donde Jesús enseñó a los ancianos cuando era niño y condenó a los fariseos como hombre, es donde se levantará un templo algún día en gloria y majestad. A la tierra santa de Abraham e Isaac, donde un ángel detuvo la mano del anciano hace tanto tiempo, aún le falta por ver que se cumpla su destino.

No hay que equivocarse; la prueba de Abraham es mucho más que una conmovedora historia bíblica. Están ligados a ella los más profundos misterios de la humanidad y nuestra relación con Dios. El mayor de todos los misterios es que la verdadera adoración es verdaderamente costosa. Durante los últimos años, he aprendido esta verdad con una profundidad creciente. Ya no quiero dar a Dios lo superficial ni lo frívolo. Ya no quiero dejar de darle lo mejor y lo más querido. Ya no quiero *jugar* a la adoración, sino adorar a Dios en espíritu y en verdad. Quiero que Él tenga lo mejor de mi atención, lo más profundo de mi sacrificio, lo más profundo de mi música, enseñanzas y sentimientos cuando entro en su presencia.

Quiero que las personas que son motivo de mi preocupación se acerquen a Dios de la misma manera, y estaré observando para ver si esto ocurre. Mi oración es que pueda ver una comunidad de adoración a mi alrededor, personas que disfruten de la manifiesta presencia de Dios cuando van a sus oficinas, limpian sus hogares, cuidan de sus hijos, llegan a nuestra iglesia y regresan al hogar. Me gustaría verlos ya alabando al Señor cuando llegan y que continúen haciéndolo cuando se van. Es mucho pedir, pero lo que cueste no es importante. Lo que se logra es todo lo que el corazón pudiera desear.

RETIRADO A SU SOLEDAD

Noté otra cosa interesante en los preparativos de Abraham antes de salir hacia el monte Moriah. Génesis 22:5 nos cuenta que Abraham dejó a los jóvenes atrás. Les dijo que se quedaran con los asnos y esperaran mientras llevaba a Isaac en el último tramo del viaje. Habían recorrido juntos todo ese camino, ¿por qué le daba importancia al hecho de dejar ahora a sus siervos?

Lo hizo porque la adoración es personal. Es estar uno frente a Dios. Sí, adoramos juntos como Cuerpo de Cristo. Se nos ordena hacerlo así, y sin embargo, en ese contexto debemos adorar de lo profundo de nuestras almas individualmente. Abraham se aligeró para su porción de la tarea, y llevó solamente a Isaac y la leña que necesitaría para el fuego.

¿Ha descubierto que eso es un gran desafío en su adoración personal? Usted llega a su lugar de adoración llevando muchas cargas, y cuando llega a la puerta del Lugar Santísimo, encuentra espacio solo para *usted*, sin bultos a la espalda, sin maletas ni paquetes. Todo lo demás hay que ponerlo en el suelo y dejarlo atrás. Cuando vuelva a salir, resplandeciente de su encuentro con su Señor, ya no tendrá necesidad de cargar ese incómodo equipaje.

Sin embargo, es muy difícil dejar sus cargas en el punto de entrar en la adoración. Usted se esfuerza por concentrar su mente en el salmo que está leyendo, sus pensamientos en el himno. Derrama su corazón en oración, sin embargo su mente sigue vagando desde su estomago vacío hasta las preocupaciones del día. Nuestra mente permanece cautiva por las ansiedades que son nada ante la luz de su belleza y poder. En efecto, la mejor manera de tratar de alguna forma con ellas es, simplemente, entregárselas a Dios. Sin embargo, reitero, luchamos para dejar nuestras cargas. Hallamos que no cabemos por la puerta de la adoración, la puerta que es precisamente del tamaño y forma de nuestra alma sin carga.

Nuestras preocupaciones nos seguirán como lo hicieron los fieles jóvenes de Abraham, pero ellas pertenecen a nuestro Maestro. En algún momento tenemos que volvernos hacia ellos, como Abraham, y decir: «Quedaos aquí».

Los que somos líderes en las iglesias hemos sido los principales ofensores. En una oportunidad comprendí que nuestra iglesia iniciaba bien sus servicios, comenzando por llevar a nuestra gente a la transformadora presencia de Dios. Luego venía el período del servicio cuando despachábamos «el ministerio de los anuncios». Lo hacíamos durar unos diez minutos entregando a nuestras personas más detalles para recordar. Más eventos que planificar, más cargas que los retenían fuera de la inmediata y presente adoración. En efecto, hacíamos todo lo que podíamos para hacer esos anuncios fascinantes y atractivos. Usábamos el humor, levantábamos el entusiasmo, y capturábamos la imaginación. Era una buena promoción de las actividades, pero un mal estímulo para la adoración. Comprendí que el propósito del servicio era conducir nuestras ovejas ante el Pastor. Nosotros sacábamos a nuestro pueblo del Lugar Santísimo y lo echábamos sobre el pavimento de los atrios del Templo, donde siempre había conmoción y caos. Lo hemos tratado todo, desde el uso de diapositivas para anunciar nuestras actividades hasta llegar a posponer todos los anuncios hasta el final del servicio. ¡Aún luchamos!

En lo personal, esta es la razón por la que Jesús le dice que entre en su cámara secreta para orar y no lo haga en público. Se nos dice en las Escrituras que Él mismo salía temprano en la mañana y buscaba la soledad para estar con su Padre.

La adoración es asunto personal, y usted debe hacer su acercamiento final a solas. Hay que eliminar las distracciones. Los anuncios tipo circo, insertados en medio de la adoración, son como leer la correspondencia en medio de sus devocionales personales. Debemos hacer una disciplina de retirarnos en cuerpo, mente, alma y espíritu. Algo de esto será retiro físico para usted, por cierto, y lo necesita cada día. Pero también necesita la disciplina que tenga sus pensamientos cautivos por el Espíritu de Dios mientras realiza sus negocios cotidianos. Dé al Señor siempre un espacio libre en su mente y espíritu, para que su influencia le guíe aun cuando usted realiza las actividades más mundanas. Ese es el asunto de la adoración diaria. Necesitamos hacerlo mejor como individuos y como cuerpo de creyentes.

REGOCIJO PARA SU CORAZÓN

Si quiere, imagínese que usted es uno de los siervos de Abraham que quedaron atrás. ¿Qué pensaría del anciano cuando tomó a su hijo brazo a brazo, claramente por última vez, tomó una buena cantidad de ramas para encender el fuego y subió la montaña? Abraham era obediente, pero no significa que no tuviera pasiones. Su rostro debe haber delatado una historia de profundo pecar. Tenía cien años, pero parecía mucho más viejo ese día, si eso era posible. Los siervos deben haber llorado con terrible conmiseración mientras observaban que la figura encorvada y cargada desaparecía en la cumbre del monte.

Imagine ahora la secuela. Usted y el otro siervo se sientan junto a una fogata, hablan quedamente, especulando sobre la vida futura de su doliente amo. Y aparece Abraham, no encorvado, pero casi de un salto se pone en el círculo alrededor de la fogata. ¿Cómo podía ser?

Entonces usted ve la figura detrás de él, Isaac; vivo y con buena salud. Pero no hay culpa, no hay una mirada furtiva de desobediencia en el rostro de Abraham. Solo hay un gozo profundo, la risa danza en sus ojos, la luz irradia de su comportamiento, da la impresión de que se le han extraído años su vida. Ha tenido un trasplante de gozo. Pronto les cuenta la historia completa, y cada uno espontáneamente adora a Dios con su amo. Es difícil decidir qué abunda más, si las risas o las lágrimas.

Y ¿quién está más feliz: Abraham, que ha sido aliviado de una tarea terrible, o Isaac, cuya ejecución fue detenida? Porque no podemos olvidar que este hijo se humilló y fue obediente hasta la muerte como otro Hijo, cerca del mismo lugar, muchos siglos más tarde. Isaac había preguntado: «¿Dónde está el cordero para el holocausto?» el padre le había respondido que Dios proveería cordero para el holocausto. Cuando el padre tenía levantado el cuchillo, Isaac podía haber huido. No era un niño; era un joven sano y vigoroso. A Abraham se le había pedido que confiara en la bondad de un Dios perfecto, pero a Isaac se le había pedido que confiara en la fe de su padre humano. Y él también pasó la gran prueba del día.

Usted se acuerda del carnero que estaba enredado en los matorrales. Este también fue el deleite de Abraham, el verdadero «sacrificio provisto por Dios», y con prontitud se realizó el ritual más convencional. Abraham se llenó de gozo, pero no olvidó que en su corazón ya había dado muerte a su hijo; lo había hecho en el momento que decidió obedecer. En su mente y corazón, tenía que renunciar a su hijo; esa era la prueba. El hijo de Abraham había estado muerto para él durante el terrible período entre el mandamiento de Dios y la voz que detuvo su mano. Y ahora ambos, Dios y Abraham sabían algo.

Dios sabía que Abraham, en forma absoluta no tenía otros dioses antes que Él. Sabía que el corazón y la devoción de Abraham hacia Él eran puros.

Y Abraham sabía lo mismo acerca de Dios, que lo había amado no solo al evitar la muerte de Isaac, sino también en las maravillosas bendiciones que le había dado después de su obediencia. La verdadera adoración agrada a Dios, y cuando eso ocurre, Él nos bendice en las formas más profundas y gratificantes que el alma puede experimentar. La bendición sobre Abraham merece leerse de nuevo:

> Por mí mismo he jurado, dice Jehová, que por cuanto has hecho esto, y no me has rehusado tu hijo, tu único hijo; de cierto te bendeciré, y multiplicaré tu descendencia como las estrellas del cielo y como la arena que está a la orilla del mar; y tu descendencia poseerá las puertas de sus enemigos. En tu simiente serán benditas todas las naciones de la tierra, por cuanto obedeciste a mi voz.
>
> —GÉNESIS 22:16-18

Tal es el gozo de Dios cuando nosotros simplemente le damos lo que ha sido suyo todo el tiempo: la devoción y la adoración que merece. Se la damos porque es su derecho, y no por algún motivo egoísta. Pero no podemos dejar de observar la verdad de que cosechamos lo que sembramos. La verdadera adoración del alma pone una sonrisa en los labios de Dios, y la vida es buena cuando Dios ve nuestra fidelidad. No importa qué traiga usted a su Señor, no importa cuán profundo sea su sacrificio, nunca podrá dar más profundamente que la recompensa que Él le dará simplemente porque se deleita en usted cuando usted se deleita en Él. Le bendecirá, pero también bendecirá al mundo por su intermedio.

La adoración abre las puertas del cielo e inunda de luz su mundo.

ADORACIÓN CON LA LLAVE CORRECTA

En el siglo diecinueve vivió un joven que se convirtió en el prototipo de la superestrella deportiva. Su nombre era C. T. Studd, el mejor jugador de críquet de Inglaterra. Fue el primer atleta cuyo nombre dio fama a una familia. Mientras estudiaba y jugaba críquet en Cambridge, Studd dio su vida a Cristo después de oír una predicación de Moody en un avivamiento. C. T. Studd hizo una dedicación completa, absoluta de su vida a la causa de Cristo, dondequiera que fuera llevado y sin importar el costo. Él y los «Siete de Cambridge» eran un movimiento cristiano de deportistas; viajaban por todo lugar usando su fama deportiva para hablar de Cristo y ganaban impresionantes cantidades de convertidos.

Studd fue a China y luego a la India como misionero. Fue en China donde recibió la noticia de que había heredado una fortuna sustancial en dinero. Inmediatamente lo donó todo a la obra de Jesucristo. Studd podía haber vivido con comodidad y riqueza, negociando la fama de su juventud. Pero no veía eso como su adoración más profunda.

Antes de viajar a China, Studd habló en una gran reunión. En la multitud había un joven predicador llamado F. B. Meyer, que ya estaba en camino de convertirse en uno de los grandes estudiosos y ministros cristianos de la época. Meyer se sintió profundamente conmovido por el testimonio que oyó esa noche. No eran las palabras, explicó, sino su porte y su comportamiento; en C. T. Studd vio por primera vez en su vida un hombre entregado a Cristo completamente y sin reservas. Después de la reunión, buscó al atleta y le dijo: «Joven, usted tiene algo que a mí me falta y que necesito. Eso es más que obvio. Pero no logro poner mi dedo en lo que puede ser. ¿Podría decírmelo?»

C. T. Studd sabía que estaba conversando con un gran hombre, con un personaje muy prominente en los círculos cristianos. Pero no vaciló en su respuesta. Dijo: «¿Ha rendido todo a Jesucristo?»

F. B. Meyer reflexionó un momento y dijo que sí; que sentía que razonablemente había hecho todo eso. Entonces dio la vuelta y se fue, aun cuando la pequeña voz en la parte de atrás de su mente le seguía reprendiendo, diciéndole que no había respondido con integridad.

Cuando llegó a casa, se fue directo a su dormitorio y cayó de rodillas. Desde su alma brotaron las oraciones y profundas emociones. Pero también él escuchaba para ver lo que Dios pudiera decir. Y le pareció a Meyer que el Señor entraba directamente en la habitación y le hablaba. Que el Señor extendía su mano y le decía:

—Meyer, las necesito todas; necesito todas las llaves de tu corazón.

Meyer comenzó a hablar seriamente con Dios. Pero la mano vacía aún estaba delante de él. Finalmente en su visión, Meyer sacó de su bolsillo un gran manojo de llaves, y se lo pasó. Esperó mientras las contaba, una por una, pero el Señor finalmente miró y dijo:

—Falta una. Te pedí todas las llaves.

Se volvió para dirigirse a la puerta. Meyer lo llamó:

—¡Espera, Señor. ¿Hacia dónde vas? Por favor, no me abandones.

El Señor sonrió tristemente y le respondió:

—Si yo no soy Señor de todo, Meyer, no soy Señor en lo absoluto.

—Pero Señor, se trata de una pequeña llave, solo una en medio de un gran manojo, solo una.

—Si no soy el Señor de todo—repitió el Señor—, no soy Señor en lo absoluto.

Con un gran llamado desesperado, F. B. Meyer accedió a entregar la última llavecita. Rindió todo lo que era, todo lo que tenía, y todo lo que pudiera llegar a ser a su Señor. Desde aquel día, el Señor comenzó a usar a Meyer como nunca antes; para decirlo francamente, de la manera que ha usado a pocas personas. El Espíritu Santo vino y trajo un poder increíble a su ministerio, y los sermones y libros de F. B. Meyer aún llevan fruto hasta el día de hoy, después de más de un siglo y medio. Como Abraham, Meyer vio generaciones, que aún no habían nacido, bendecidas por la bondad de Dios debido a su acto de adoración completa, dolorosamente sacrificial.[1]

La brillante llave final de la adoración es la declaración de sus labios que dicen: «Señor, nada hay en mi vida que yo ame más que a ti; nada hay que yo esté reteniendo. Ni cosas ni personas que no quiera dejar atrás. Lo rindo todo». Él ya tiene la llave para la participación de su iglesia; Él quiere la «llave maestra» que abre toda puerta a algún compartimiento en su vida. No puedo decirles a ustedes la grandeza del esplendor al abrir todas esas puertas oscuras y dejar entrar su luz y su gloria. Y todo lo que puedo hacer por usted es expresar mi gozo y tomar su mano, como lo hizo el apóstol Andrés cuando llamó a su hermano y le dijo: «¡Ven y ve!»

8

El idioma de los ángeles

OCHO

El idioma de los ángeles

E N EL PRINCIPIO, cuando las tinieblas cubrían la faz del abismo, miles de millones de ojos brillantes penetraron la oscuridad del espacio, y comenzaron a derramar una sinfonía cósmica. Tenemos la afirmación de Job en cuanto a este acontecimiento: «Cuando alababan todas las estrellas del alba, y se regocijaban todos los hijos de Dios?» (Job 38:7).

¿Puede usted imaginar algo tan magnificente? ¿Cómo podría el majestuoso acto de la creación ser acompañado por algo que no fuera música de las esferas? Los ángeles y la luz de las estrellas cantaron sus aleluyas cuando los dedos de Dios elaboraban la obra maestra del universo. Desde el momento que nos dio vida y aliento, hemos mirado a los cielos y nos damos cuenta que no podemos dejar de cantar.

La melodía se produce donde desaparecen las palabras. Llena los espacios en blanco de nuestro asombro y alabanza. Es la estampa de la eternidad puesta en lo más profundo del alma. ¿Cómo podríamos adorar sin ella? ¿Cómo podremos soportar la vida sin ella? Cuando las ciudades de Afganistán fueron liberadas de la radical opresión del Talibán, lo primero que el pueblo hizo fue tocar su música, que había estado prohibida. Ninguna otra cosa humaniza más que la música; sin embargo, nada apunta con más certeza al cielo.

Para los que tienen una inclinación «demasiado seria» para frivolidades como la música, es un hecho que en la Biblia hay 575 referencias a alabar, cantar y tocar música. En el centro mismo del Libro hay un libro de cantos —un himnario— conocido como los Salmos. Desde el principio la música ha sido un vínculo esencial entre Dios y sus hijos. En realidad, hay más versículos sobre la alabanza que sobre la oración. Dios puso toda su creación a cantar —«los cielos y la naturaleza cantan»— desde la melodía de las aves hasta el canto de las ballenas. Que los animales usan la música en forma utilitaria, es verdad. Pero son solo los hombres y las mujeres, creados a la imagen de Dios, los que pueden hacer uso inteligente de los tonos, la melodía y la armonía para concentrarlas en su alabanza y expresar sus más profundas emociones.

¿Cómo respondió María a la visita del ángel? Cantó. ¿Cómo expresaban su fe los primeros cristianos cuando se reunían? Cantaban. ¿En qué estaban ocupados Pablo y Silas cuando fueron encarcelados por los romanos? «Cantaban himnos a Dios» (Hechos 16:25). A propósito, nunca oímos que los fariseos hayan cantado. ¿Cuál es la actividad de la que estamos seguros nos ocuparemos durante toda la eternidad? Cantar alabanzas a Dios. El cielo es el lugar de nacimiento de la música. Se ha observado que no puede usted imaginar el infierno con música, ni el cielo sin ella. Juan, en su visión apocalíptica, presenta un hermoso cuadro de lo que se puede llamar el «canto de la gran multitud» que nos aguarda en el cielo:

> Después de esto miré, y he aquí una gran multitud, la cual nadie podía contar, de todas naciones y tribus y pueblos y lenguas, que estaban delante del trono y en la presencia del Cordero, vestidos de ropas blancas, y con palmas en las manos; y clamaban a gran

voz, diciendo: La salvación pertenece a nuestro Dios que está sentado en el trono, y al Cordero.

Y todos los ángeles estaban en pie alrededor del trono, y de los ancianos y de los cuatro seres vivientes; y se postraron sobre sus rostros delante del trono, y adoraron a Dios, diciendo: Amén. La bendición y la gloria y la sabiduría y la acción de gracias y la honra y el poder y la fortaleza, sean a nuestro Dios por los siglos de los siglos.

Amén.

—APOCALIPSIS 7:9-12

Otro Juan, de apellido Newton, lo captó en los últimos versos de su himno «Sublime gracia»:

> Y cuando en Sion por siglos mil
> brillando esté cual sol,
> yo cantaré por siempre allí
> su amor que me salvó.

La eternidad es un lugar donde el tiempo deja de existir, y llenaremos el infinito mismo con la música de alabanza a Dios. Piense en esto: La más elevada expresión de alabanza de nuestra mente es el canto. Quizás sea el momento de pensar un poco más profundamente en cuanto a la música.

LA MENTE Y LA MÚSICA

La música tiene una cantidad de atributos maravillosos. Uno de ellos es que la música aumenta la efectividad de la memoria. ¿Cuánto más fácil es recordar pasajes de la Palabra de Dios porque alguien le ha puesto música?

Desde nuestros primeros años, si es que tuvimos esa fortuna, en nuestros corazones se implantaron permanentemente las verdades esenciales de nuestra fe por medio de los cantos de la Escuela Dominical tales como «Cristo me ama», «Cristo ama a los niñitos» y «Este es el mundo de mi Dios». Estas sencillas canciones contienen nada menos que la clave de los grandes problemas del mundo. Y si todo el mundo dejara de cantar y de creer estas palabras, ¿qué pasaría?

> Cristo ama a los niñitos
> quiere hacerlo rayos alumbrando para Él
> Disipando las tinieblas hoy tu fe en Cristo pon
> y serás un rayo lindo para Él.

Sin embargo, se puede dar mal uso a este don. F. Olin Stockwell fue uno de los últimos misioneros que estuvo en la República Popular China. En *Meditations from a Prison Cell*, cuenta cómo los chinos adoctrinaban a sus jóvenes. Por centenares, su juventud pasaba las mañanas estudiando. Pero las tardes se sentaban en la presencia de un líder con un diapasón, que usaba canciones sencillas para enseñar frase tras frase de máximas comunistas. Por medio de una melodía los jóvenes aprendían todas las doctrinas de odio, temor y dominación.[1]

La música enseña e instruye, y lo hace con un poder que no solo habla a la mente, sino también al corazón. Por eso es que las canciones de la niñez permanecen con nosotros toda la vida, hasta mucho después que otras materias de los textos escolares se han disipado sin dejar rastro. Me siento muy complacido de que muchos de nuestros cantos de alabanza tienden a ser una repetición directa de versículos de las Escrituras porque estoy convencido que con el tiempo una nueva generación de creyentes tendrá la Palabra de Dios grabada en su alma por medio de los cantos. El futuro lleno de las Escrituras en nosotros es un pensamiento feliz. Andrew Fletcher dijo: «Dadme la composición de las canciones de una nación y no me importará quien hace las leyes».[2] Dicen que uno es lo que come, pero también uno es lo que canta.

Me sorprende que los padres den tan poca atención a la música que sus hijos escuchan. Las palabras pueden ser difíciles de entender, pero están presentes en las canciones. Aun cuando sus niños no les presten atención, las palabras echan raíces de manera subliminal. Las canciones son como caballos troyanos, empujados hasta las puertas del alma para entrar de contrabando toda clase de influencias impías. Aunque pensemos que no recibimos el mensaje de su letra, nuestra mente está siempre ocupada con trabajos que pasan por debajo del radar personal. Pregúntele a los gurús de la Avenida Madison acerca del poder de las palabras y frases repetidas. Afectan lo que compramos y lo que creemos.

LOS GRANDES ÉXITOS MUSICALES DE ISRAEL

Todos debieran dedicar algún tiempo para leer las grandes canciones de la Biblia; se sorprenderán de encontrar que dicha música llena nuestras Escrituras. En momentos clave de la historia, los israelitas crearon canciones conmemorativas de las grandes obras de Dios. El relato inspirado de las Escrituras los preservó para nosotros. No deben haber considerado las canciones como una frivolidad, sino de una importancia eterna.

La siguiente es una antología de los grandes éxitos musicales de Israel a lo largo de su historia escrita:

- *Hubo una canción de adoración* después que los israelitas cruzaron el Mar Rojo (véase Éxodo 15:1-21). Derrotados los egipcios, los israelitas están a salvo, y Moisés se sentó a componer una canción de triunfo y alabanza.

- *Hubo una canción de adoración* cuando Débora guió a los israelitas victoriosamente sobre Jabín, rey de Canaán (véase Jueces 5).

Ella fue comandante militar femenina y esta la primera canción introducida en la Biblia por una autora.

• *Hubo una canción de adoración* cuando David regresó y consagró el arca en Jerusalén (véase 1 Crónicas 15:16, 27-28; 16:4-7). Se nos dice que él se ocupó personalmente de la celebración musical, asignando a los cantantes e instrumentalistas. David también escribió un salmo largo para el evento y lo puso en las manos de Asaf, su «ministro de música». Lo puedes hallar en forma completa en 1 Crónicas 16:8-36 —una jubilosa canción de alabanza.

• *Hubo una canción de adoración* en la coronación del rey Salomón (véase 1 Reyes 1:39-40). Se dice que la tierra tembló con la conmoción del pueblo cuando cantaron alabanzas a Dios por darles un nuevo rey.

• *Hubo una canción de adoración* cuando Salomón dedicó el Templo del Señor (véase 1 Crónicas 23:5; 2 Crónicas 5:11-14). Tómese un tiempo para asumir este hecho: un coro de cuatro mil voces fue acompañado por ciento veinte trompetas. Si se presentara en mi iglesia un coro de cuatro mil miembros, tendríamos que sacar todas las bancas; no habría lugar para la congregación. La alabanza y la adoración fueron tan poderosas el día de la dedicación del Templo que una nube se movió por el interior del edificio por sobre las cabezas de las personas. Esa nube era la presencia visible de la gloria de Dios. ¿No le habría gustado estar presente en ocasión tan gloriosa?

• *Hubo una canción de adoración* cuando Nehemías reedificó los muros de la ciudad de Jerusalén (véase Nehemías 12:27). Fue un día de completa victoria. Contra todos los enfrentamientos y la mucha oposición, un pequeño pero dedicado grupo de israelitas había reedificado las ruinas de los muros de la ciudad. La

Jerusalén muerta por largo tiempo, resucitaba de entre las cenizas. La ocasión la conmemoraron con mucha música y celebración. Lea este capítulo y vea el intrincado programa de adoración que planificaron.

• *Hubo una canción de adoración* durante el avivamiento dirigido por Esdras después de la terminación de los muros (véase Nehemías 12:45-47). Como observó una vez D. L. Moody, la música es tan importante como la predicación —a veces más— para impresionar a las personas con la Palabra de Dios. En cada uno de estos momentos cumbres en la historia de Israel, se utilizó la música para ayudar al pueblo a ver el «gran cuadro» de lo que Dios estaba haciendo en sus vidas.

• *Hubo una canción de adoración* cuando se reedificó y dedicó de nuevo el Templo bajo Zorobabel y Esdras (véase Esdras 2:41,65; 3:10-13). Zorobabel guió al pueblo en su retorno, Nehemías reconstruyó los muros de la ciudad, y Esdras reconstruyó el Templo. Leemos que designaron cantores y cantoras para dirigir la celebración. Eran hombres y mujeres mayores que podían recordar cómo era el Templo antes de su destrucción. Ahora ellos miraban su resurrección, y lloraban, casi incrédulos, con lágrimas de gozo mientras cantaban. Imagínese la música envuelta en el llanto y los gritos de gozo, todo mezclado y todo aceptable a Dios como adoración pura, porque a Él se daba la gloria. El Templo nuevamente caería en desgracia. Los soldados romanos lo invadieron y sellaron sus muros el año 70 d.C., como Jesús lo había anunciado. La historia cuenta que los cantores y músicos se negaron a bajar ese horrible día. Continuaron su adoración con gozo hacia el Señor mientras los soldados los atacaban y los martirizaban, ¡una verdadera adoración! También sabemos que los antiguos cristianos se arrodillaban y cantaban himnos en el centro del coliseo mientras los romanos los ejecutaban.

- *Hubo una canción de adoración* cuando Josafat llevó a su pueblo contra Moab y Amón (véase 2 Crónicas 20:21-28). Este pasaje nos cuenta que los cantores fueron designados para alabar «la belleza de su santidad» (v. 21). Dios respondió a su música dándoles una gran victoria en el campo de batalla.

Hay muchas otras ocasiones cuando la música toma el escenario central en la narrativa épica de Israel. Léalo usted mismo. Pero quizás sea menos importante identificar las canciones que aprenderlas. ¿Qué nos enseñan las canciones de los antiguos acerca de adorar a Dios?

RESPUESTA A DIOS

En más de cien referencias en los Salmos, los adoradores cantaron al Señor. Más de veinte pasajes hablan de ministrar al Señor. El pueblo venía a la «presencia de Dios» para alabarle. Cien pasajes diferentes describen al adorador «acercándose» o «apareciendo» delante de Dios. En la adoración entramos en su presencia, hasta allí todo es claro. ¿Y qué podemos hacer sino cantar?

Dios dio las instrucciones a Moisés para la edificación del tabernáculo. Dijo que iba a ser un lugar para el encuentro con su pueblo y para hablar con ellos, para morar en medio de ellos y ser el Dios de ellos. La palabra *tabernáculo* significa realmente «reunión» o «cita». Cuando entramos en la casa del Señor, estamos allí para una reunión con el Todopoderoso, una cita divina. Eso debiera abrirnos los ojos. Debiera producirnos emoción y finalmente, hacernos cantar.

He conversado con pastores de iglesias donde el Presidente ha estado presente al visitar la ciudad. En tales ocasiones, créanme, toda la congregación se entusiasma. Nadie se queda en cama aunque el día esté un tanto lluvioso. Todos se levantan temprano y se ponen sus mejores vestimentas, porque el hombre más poderoso del mundo libre estará entre ellos. De alguna manera, el pastor predica un poco mejor que su mejor mensaje. El coro canta como nunca antes. La congregación está electrizada en su intensidad. Aun el púlpito y las ventanas brillan a la perfección.

Respeto el oficio del Presidente. Pero, ¿debiera nuestra respuesta ser menor cuando el Creador del universo está entre nosotros? Él es nuestro más fiel concurrente. Olvidamos eso, ¿verdad? Muy fácilmente perdemos de vista el hecho que no son simples canciones; son cantos ofrecidos *a Dios*. No es una simple reunión; es un encuentro con el Alfa y la Omega, el gran YO SOY. Si es un lugar de una cita divina —y lo es— estamos de pie en tierra santa. Hablamos de lo que «recibimos del» culto, hayamos o no recibido «alimentación». Pensamos que eso es piadoso y espiritual. Sin embargo, en los tiempos del Antiguo Testamento nadie pensaba en venir a adorar para «recibir» o para tener la experiencia de «sentirse bien». Entendía, mejor que nosotros, que la esencia de la adoración es dar. Como vimos en el capítulo anterior, el sacrificio está en el centro mismo. No estamos aquí para enfrentar «necesidades sentidas», sino para servir a Dios, porque es justo.

La adoración es una respuesta a Dios. Nuestro coro cae en la trampa de «cantar para la audiencia»; los predicadores cuidadosamente tomamos el rol de la gente. Pero todos estamos jugando a tener una audiencia con el Único, no importa otra cosa. Adoramos juntos, pero debiéramos adorar en una sola dirección señalada con rayo láser, olvidando a los que se sientan a nuestro lado, a los que nos oyen y a los que cantan para nosotros. Si nuestra atención no está dirigida más allá de la torre de la iglesia, nuestras canciones y oraciones nunca llegarán allá. «Alabaré yo el nombre de Dios con cántico, lo exaltaré con alabanza. Y agradará a Jehová más que sacrificio de buey, o becerro» (Salmo 69:30-31).

REFLEJO DE NUESTRA FE

¿Ha considerado alguna vez ese punto? Su música es el principal indicador de su vida espiritual. Si un cuadro vale por mil palabras, su canción vale por varios miles. Capta el estado de su espíritu en determinado momento. No es cuestión de su precisión melódica: tiene que ver con el reflejo de su alma.

Hemos observado mucho acerca de las más alegres celebraciones de Israel, pero no todo momento era una cumbre. El Salmo 137 nos da un cuadro de la música que expresa la miseria. Los israelitas tuvieron su parte en los valles profundos en cuanto a la fe. Después de un extenso período de desobediencia, cumplieron una sentencia de cautividad en Babilonia. Durante ese tiempo, sus captores se burlaban. «Hemos sabido que ustedes los judíos son cantores talentosos», se burlaban. «No escuchamos ninguna música; ¿por qué no nos cantáis una canción?»

Todo se encuentra en el Salmo 137. Aquí se nos recuerda que hay ocasiones cuando el espíritu no es dado a la música ni a la risa:

> Junto a los ríos de Babilonia,
> Allí nos sentábamos, y aun llorábamos,
> Acordándonos de Sion.
> Sobre los sauces en medio de ella
> Colgamos nuestras arpas.
> Y los que nos habían llevado cautivos nos pedían que
>   cantásemos,
> Y los que nos habían desolado nos pedían alegría, diciendo:
> Cantadnos algunos de los cánticos de Sion.
> ¿Cómo cantaremos cántico de Jehová
> En tierra de extraños?
>
> —SALMO 137:1-4

¿Cómo puede haber música en un lugar infernal? ¿Cómo podríamos pensar en cantar? Tales ocasiones tienen tristes melodías y formas musicales. Son cantos de opresión. Los encontramos también en los salmos. Sean de gozo o tristeza, nuestros cantos son nuestro barómetro espiritual. ¿Cuál es su canto hoy día? ¿Hay en su corazón una melodía?, o ¿está cantando con melancolía? ¿Necesita que su canción sea: «Oh Dios, vuélveme el gozo de mi salvación»?

Lo que vale para el individuo también vale para la congregación. Quizás usted ha visitado algunas iglesias y ha notado algunas diferencias intangibles. Puede sentirlas al cruzar el umbral del santuario. El órgano de tubos puede ser maravilloso, el coro puede ser una multitud, pero si el Espíritu de Dios no está en ese lugar, usted puede sentir el vacío.

Entonces, a su vez, usted podría entrar a un lugar de adoración precisamente con la atmósfera opuesta. Podría ser la reunión de una iglesia nueva instalada en un gimnasio abandonado de una escuela, y el director del culto podría estar tocando una guitarra que ha estado desafinada desde principios de la década del sesenta. Pero si Dios está allí, usted lo siente de inmediato. Casi podría cortar el ambiente de gozo con un cuchillo, y se puede sentir que el canto es de corazón.

La persona espiritualmente sensible puede detectar la diferencia por un sentido intuitivo —una especie de vara de adivinación, si me lo permite— pero casi todos pueden decirlo por la música: Mide nuestra fe, nota por nota.

LIBERACIÓN COMPLETA DE LA PERSONA

Cuando era estudiante en el Seminario, tuve la emocionante experiencia de asistir a una de las iglesias más grandes de los Estados Unidos. Por varios meses formé parte de la Primera Iglesia Bautista de Dallas, Texas, donde el pastor era el legendario Dr. W. A. Criswell. Esas semanas dejaron una gran marca en todo mi ministerio. La adoración allí me ponía en la presencia de Dios semana tras semana. Pero una práctica en particular me cautivó completamente.

Mi esposa y yo estábamos en el balcón el primer domingo que estuvimos en dicha iglesia. Llegó el momento de la oración pastoral y los hombres que estaban sentados en la plataforma se levantaron al mismo tiempo. Juntos caminaron hasta la parte frontal de la plataforma y se arrodillaron. Había micrófonos en el frente de la plataforma, de modo que quienquiera que estuviera orando podía guiar a la congregación aunque estuviera arrodillado. Pero no fue eso lo que me asombró en ese momento. Mientras miraba, sin ninguna inducción, la congregación se levantó y acomodó las tarimas para arrodillarse instaladas en las bancas delante de ellos. Todo el pueblo de Dios cayó de rodillas al mismo tiempo y se unieron en la oración a Dios.

Para mí, esta fue la octava maravilla del mundo. Nunca había visto ese nivel de participación congregacional en la adoración. Cambió mi modo de pensar en una serie de cosas, y el impacto aún persiste conmigo hasta este mismo día. Cuando leemos el testimonio de adoración en el Antiguo Testamento, no hallamos a las personas acomodadas en cómodos almohadones sobre las bancas, con la esperanza de permanecer despiertas. Hallamos personas completamente comprometidas desde una perspectiva corporal: Cantan, gritan, lloran, levantan las manos, se arrodillan y caen sobre sus rostros.

Acuérdese de su última visita a un evento deportivo. ¿Cuál fue el comportamiento de la multitud? ¿Vio muchos puños que sostenían cansadamente su cabeza? ¿Alguien estaba dormitando? Sospecho que usted vio algo más o menos parecido a esto: la gente saltando, gritando, aclamando, vitoreando, rechiflando, pateando, y burlándose a veces; gente que aplaude, vitorea, canta, patea. Todo esto porque estos «verdaderos creyentes» tienen su corazón y su mente cautivadas por su equipo; no hay modo alguno que sus cuerpos no vayan a ponerse en acción, porque el cuerpo siempre toma su impulso del corazón y de la mente.

Por cierto, no recomiendo que traigamos la rudeza de los estadios de deporte profesional al culto moderno. Especialmente no quiero que alguien haga una rechifla por el coro o que grite burlescamente durante el sermón, y aborrecería ver que hacen «la ola» desde uno hasta el otro lado del santuario. Pero reconozco que la música es un canal para la maravilla de la adoración. Trae la música de los ángeles a nuestra existencia diaria. ¿No es maravilloso que usted esté sobre sus rodillas y sus manos, sobre un piso sucio y cantando la música de Sion?

La música le ayuda a transportar su espíritu de rincones mundanos a un majestuoso esplendor. El cuerpo sigue la dirección del corazón, y viceversa, como un hecho. Sus oraciones estarán más concentradas y su mente más alerta si se ha alineado de rodillas. Lo mejor de su adoración puede ocurrir cuando anda trotando, o conduciendo un auto, o cuando su cuerpo está tenso en el trabajo. ¿Quiere saber cómo incorporar la adoración en cada momento de su día? La música es un excelente lugar para empezar.

Cantemos al Señor porque es una forma más de entregar nuestros cuerpos a su alabanza. Cantemos porque la música expresa niveles de adoración que no podemos encontrar en la palabra hablada. Cantemos porque la gente del mundo será atraída por nuestra música. ¡Y cantemos porque no lo podemos evitar! ¡Nuestro Señor reina!

9

Que el cielo y la naturaleza canten

NUEVE

Que el cielo y la naturaleza canten

SUPE DE UN AGRICULTOR que hacía su visita regular a la gran ciudad para abastecerse de mercaderías. Solo que esta vez, por alguna razón, la necesidad retuvo al agricultor en la ciudad por todo el fin de semana. Entonces decidió buscar una iglesia para la adoración del domingo.

En casa, el campesino asistía a una pequeña iglesia de madera donde la predicación era enérgica y los cantos eran antiguos himnos el evangelio. Pero en este viaje de fin de semana, decidió que era tiempo de ganar algo más de experiencia en el mundo religioso. Así fue que el domingo entró en un gran edificio con enormes columnas y un cielo más alto que cualquier silo que había visto. Sacó como conclusión que aquí era donde tenían las reuniones de la «alta iglesia», como había oído que la llamaban. El agricultor encontró un asiento y participó en la adoración lo mejor que pudo, aun cuando parecía que estaba en el curso «avanzado» y él estaba acostumbrado al nivel de «principiante».

Cuando regresó a su casa en el campo, relató a su esposa su visita al servicio de adoración «avanzado». Ella escuchó fascinada; era como si su marido hubiera estado en la Tierra de Oz.

—El canto —preguntó ella—. ¿Cómo era el canto?

—Himnos —respondió el marido—. Cantamos algunos himnos.

—Por favor dime, ¿qué es un himno?

El campesino se acarició la barba, pensativo.

—Bueno —replicó lentamente—, no te lo puedo describir en forma correcta, pero es más o menos como si yo dijera: «Bessie Mae, es la hora para dar de comer a los cerdos», eso no sería un himno. No, señora. Pero si lo digo en esta otra forma: «Bessie, Bessie, Bessie Mae, Bessie Mae, es la hora, Bessie Mae, es la hora de dar la comida, es la hora, es la hora de dar de comer, es la hora de dar de comer a los cerdos, los cerdos, es la hora de dar de comer a los cerdos, cerdos, cerdos, Amén». Bueno, eso es lo que entiendo, es lo que tú llamas un himno.

Es verdad que tenemos diversos idiomas musicales. La forma de cantar en mi iglesia se parece muy poco al modo de cantar de la iglesia en Japón o Argentina. Además no tenemos una clara idea de cómo expresaban sus melodías en la iglesia primitiva. Lo que importa es que somos un pueblo que canta, casi en cualquier lugar. Un ateo famoso, Robert Ingersoll, dejó órdenes expresas para su funeral: «No habrá canto».[1] Puedo entender eso; ¿qué se va a cantar si el trono celestial está vacío? Pero si su fe es válida, como nuestros corazones dicen que es, entonces, de toda la gente, nosotros somos los que podemos cantar, no importa que nuestra capacidad no alcance a las grandes sopranos o tenores. Juan Wesley dijo en cierta ocasión: «Cuidaos que no cantéis como si estuvierais medio muertos o medio dormidos. Levantad vuestras voces con fuerza. No tengáis miedo de vuestra voz ahora, ni os dé más vergüenza de ser oídos que cuando cantabais para Satanás».[2]

Sin embargo, conozco muchas personas a las que no les gusta cantar. Los puedo ver desde el púlpito: apenas mueven los labios como si tuvieran miedo de que el himno se les escape de la cautividad. O se balancean de un pie al otro, mirando a todos los demás y controlando sus relojes ocasionalmente. Si fuera a avergonzar a mi amigo que no canta preguntándole al respecto, puedo adelantar la respuesta: «Ah, pastor no ha escuchado lo mal que canto. La Biblia dice que cantemos con gozo; yo tengo cubierta la parte de producir el sonido; pero, ¡mi canto suena como un alce herido!»

El problema de ese razonamiento es que mi amigo no canta para mí. Tampoco canta para la gente que lo rodea en las bancas. Canta para agrado de Dios, que acepta los presentes basados en el corazón, no en la destreza. Si usted tiene un rango de una sola nota, esa nota es maravillosa en los oídos del Señor, si se la ofrece a Él. La *plenitud* del gozo del sonido alegre no lo determina la evaluación social de su instrumento, sino la divina evaluación de su corazón.

La verdadera adoración pone la canción en su interior y la mantiene allí durante la semana. Puede hallar su plena expresión en el santuario de la iglesia, pero la melodía queda con usted mientras se mueve a lo largo de las horas del día de trabajo, cuando dedica tiempo a su familia, cuando da gracias a Dios por otro día seguro y fructífero antes de irse a dormir. Conozco personas que escuchan música de alabanza en sus audífonos y en sus corazones, y aun dicen que les da un segundo aliento cuando van a una rutina aeróbica. Es una vergüenza que muy pocas familias aún cantan juntos. Hubo un tiempo en que el canto y los himnos eran una característica importante en las reuniones familiares. La música ayudaba a unir la familia, y el contenido de la música era la grandeza de Dios.

«Cantaré con el espíritu, pero cantaré también con el entendimiento» (1 Corintios 14:15b). Cuando nos sumergimos de corazón y mente en la música de adoración, la vida cambia radicalmente. ¿Por qué ir a nuestros trabajos con el tintineo de un anuncio publicitario de la televisión en nuestra mente cuando podríamos refrescar con la Palabra misma a nuestra mente, en forma de música? ¿Por qué enfrentar las dificultades del trabajo con otra cosa que no sea con canciones para el Dios digno de reverencia?

«Tú eres mi refugio; me guardarás de la angustia; con cánticos de liberación me rodearás» (Salmo 32:7).

ALGO PARA CANTAR

Después de todo, la música es maravillosa. Algunos estudios parecen indicar que las plantas de su macetero se dan mejor y crecen más rápidas y robustas si se toca a Mozart en la habitación. ¿Puede dudar que usted, que ha sido creado a la imagen de Dios, crecerá más a su semejanza y más rápidamente cuando sus melodías y su verdad son la pista de sonido su vida? Dios no dio labios para cantar a las plantas del macetero, pero a usted Él le dio esa capacidad, sea que tenga talento lírico o solamente grazne como un pajarito. Y Él le ha dado mucho para que cante. Examinemos algunas razones para cantar, según se nos describe en Efesios 5:18-21 y en el pasaje paralelo de Colosenses 3:16:

> No os embriaguéis con vino, en lo cual hay disolución; antes bien sed llenos del Espíritu, hablando entre vosotros con salmos, con himnos y cánticos espirituales, cantando y alabando al Señor en vuestros corazones; dando siempre gracias por todo al Dios y Padre, en el nombre de nuestro Señor Jesucristo. Someteos unos a otros en el temor de Dios
>
> —EFESIOS 5:18-21

Ese increíble pasaje es en sí música para nuestros oídos. Sugiere varias razones por las que su garganta debe estar llena de alabanza.

CANTAMOS PORQUE SU ESPÍRITU NOS LLENA

Se han dicho muchas cosas sobre lo que ocurre cuando estamos llenos del Espíritu (en verdad, muchas cosas negativas y controvertidas).

Pero la Palabra de Dios dice que cuando el Espíritu de Dios llega a nosotros nos ponemos a cantar. Nos exhortamos unos a otros con salmos, himnos y cánticos espirituales. La verdadera canción de adoración nace en primer lugar de esta verdad: el Espíritu Santo de Dios ha venido a vivir dentro de sus hijos. Afinamos nuestros corazones para cantar sus alabanzas porque Él es quien hace la afinación completa.

Eso es la validación misma de la presencia de Dios entre nosotros. Martín Lutero escribió: «El diablo aborrece la música porque no soporta la alegría. Satanás puede sonreír, pero no puede reír; puede adoptar un aire despectivo, pero no puede cantar».[3] Quizá Lutero haya estado pensando en este maravilloso versículo: «Entonces nuestra boca se llenará de risa, y nuestra lengua de alabanza; entonces dirán entre las naciones: Grandes cosas ha hecho Jehová con éstos» (Salmo 126:2). Si usted es un extraño en un nuevo grupo de personas, ¿qué es lo que le causaría mayor atracción? Quizá serían las glorias gemelas de la música y la risa. Que marcan a toda familia de almas similares. Elevar música y risa cordial —no burlesca— son señales que el Dios verdadero ha hecho grandes cosas por nosotros. El mundo no puede resistir tal alegría. Quizá la iglesia esté perdiendo su influencia sobre el mundo porque raras veces se nos percibe como que tenemos un sentido del humor o corazones llenos de música espiritual.

Pero en el mejor de los casos, se nos puede hallar cantando himnos de alabanza en los funerales. ¿Quién podría enfrentar la muerte con esperanza sino los hijos de Dios? Nuestra música no surge de nuestras circunstancias; encarna la esperanza con que las enfrentamos.

Hubo un gran cantante, compositor y director de canto llamado Ira Sankey. Como George Beverly Shea, colaboró con el ministerio de Billy Graham, así Ira Sankey ayudó al evangelista D. L. Moody. Viajaron juntos por todo lugar, predicando y cantando sobre Jesucristo. Pero durante sus últimos cinco años de vida, Sankey perdió la vista y su capacidad de cantar. Su salud lo confinó a un pequeño departamento. Estuvo muy cerca de la muerte.

Cierto día, F. B. Meyer visitó a Ira Sankey para infundirle aliento. Los dos hombres se sentaron, revivieron el maravilloso pasado que compartían, y comentaron sobre preciosos recuerdos. Las multitudes se electrizaban y el Espíritu de Dios obraba a medida que Sankey cantaba. Moody predicaba y Meyer enseñaba. ¡Qué equipo, y de cuántas obras poderosas de Dios fueron testigos! Esos sí que eran días.

Después de un largo rato, ambos quedaron en silencio y Meyer dijo a su amigo: «Hermano mío, ¿podrías cantar para mí una vez más?» Era una petición sorprendente para un viejo enfermo. Pero Meyer condujo suavemente a su amigo hasta un pequeño armonio que había en el apartamento. Se sentó frente al teclado y levantó sus dedos temblorosos y recogidos. Entonces, vacilante al principio, comenzó a tocar una antigua y querida melodía. Luego abrió la boca y emitió una canción con los vestigios de sus agotadas cuerdas vocales.

Ciertamente no había belleza alguna en esto, según el modo del mundo de considerar la belleza. Quizá los tubos estaban algo corroídos. Pero F. B. Meyer, gran maestro y escritor cristiano, comenzó a llorar como un bebé. «No habrá sombras en el valle de la muerte cuando venga Jesús», cantó Sankey con mucha dificultad.

Y, por cierto, solo pasaron unos días cuando Sankey despertó en la mañana en la presencia de Jesús. Al despertar podía cantar como nunca antes lo había hecho. Y sus ojos, apagados, podían ahora ver a Dios cara a cara.[4]

Esa es la naturaleza de nuestra esperanza y gozo. Es lo que nos habilita para cantar. También por eso es irrelevante la precisión de nuestro canto. Ira Sankey, desde las tinieblas de su vista perdida y la ruina de lo que fuera un dotado instrumento vocal, podía cantar con gozo y con júbilo. El Espíritu vive en nuestro corazón, no es disminuido por el tiempo ni la enfermedad, y nos da un gozo duradero.

CANTAMOS PORQUE SU PALABRA MORA EN NOSOTROS

Nuestro pasaje de Efesios tiene una imagen cercana en el libro de Colosenses. Dice así: «La palabra de Cristo more en abundancia en vosotros, enseñándoos y exhortándoos unos a otros en toda sabiduría, cantando con gracia en vuestros corazones al Señor con salmos e himnos y cánticos espirituales» (Colosenses 3:16). Este versículo es muy similar, pero aporta significativamente a nuestro entendimiento de un estilo de vida de adoración.

Efesios señala a estar llenos del Espíritu; Colosenses a estar llenos de la Palabra de Dios, que obra en nosotros abundantemente. Entonces, por medio de salmos, himnos y cánticos espirituales, compartimos juntos en sabiduría y en enseñanza. Combine los pasajes y veremos una melodía y contra melodía de ser llenos de la Palabra de Dios y del Espíritu de Dios, respondiendo con hermosa música en ambos casos.

Necesitamos los dos, el Espíritu y la Palabra para ser cristianos. Réstele uno y ello ya no es posible. Uno trasforma el corazón y la otra renueva la mente, y juntos hacen que toda la persona se forme a la imagen de Cristo. La Palabra de Dios provee el contenido; el Espíritu de Dios lo aplica. Imprime las enseñanzas de las Escrituras sobre nosotros, las aplica a nosotros y nos las recuerda cuando lo necesitamos. Todos los grandes y perdurables himnos y cantos de adoración han sido tomados de la Palabra de Dios. A través del tiempo, muchos creyentes se han inspirado para crear himnos según se leen en la Palabra de Dios. Con mucha frecuencia nos han contado que estaban convencidos de que Dios les dio la melodía también. ¿Cómo podrían tener otra fuente que no fuera Dios, himnos tan poderosos como «Sublime gracia» y «Al mundo paz»? Han emocionado e inspirado a varias generaciones.

115

CANTAMOS POR LA RICA DIVERSIDAD DE EXPERIENCIAS

Como veremos, es irónico que en la actualidad haya tanta controversia sobre qué tipo de música es apta para la adoración. ¿Debemos cantar himnos antiguos? ¿Debemos cantar canciones nuevas? ¿Debemos cantar directamente los salmos? ¿Qué es lo correcto? La respuesta es... ¡Sí!

Pablo dice que cantemos salmos, himnos y cánticos espirituales. Eso cubre casi todo. En los primeros días de la iglesia había gran diversidad en la música, así como había gran diversidad entre los creyentes. La gente traía música de sus diversos trasfondos culturales y la bautizaban transformándola en Palabra de Dios por medio de su Espíritu. Cantaban salmos, himnos y cánticos espirituales. ¿Qué significan estas palabras? Examinémoslo de cerca.

Pablo menciona primero la palabra *salmos*. Estaban los salmos que aún tenemos en el centro de nuestra Biblia y en algunos otros lugares donde encontramos amados himnos de los israelitas, desde el canto de liberación de Moisés hasta la gran poesía de los profetas. Jesús los sabía de memoria y los citó con frecuencia

Pero también tenemos que alabar a Dios con himnos. Estas eran nuevas formas de expresión musical que brotaban de los corazones agradecidos de los primeros cristianos. Casi todos los intérpretes de la Biblia concuerdan en que Filipenses 2:5-11 es un hermoso ejemplo de un himno de la iglesia primitiva. Pablo escribe sobre la encarnación de Jesús, Dios hecho hombre, y no había mejores palabras para esto que las que se hallan en el himno. Puesto que los himnos se usaban inteligentemente para resumir doctrinas cristianas fundamentales, es probable que muchos pasajes del Nuevo Testamento fueran realmente himnos. Apocalipsis 4:11 («Señor, digno eres de recibir la gloria y la honra y el poder...») también podría ser un himno que expresaba perfectamente lo que Juan quería decir.

Jamás hemos dejado de escribir himnos a través de dos mil años de historia cristiana. Fanny Crosby, una ciega, escribió más de dos mil. Charles Wesley escribió otros ocho mil. Muchos han oído la historia de John Newton, que apenas sobrevivió una tormenta en la costa noroeste de Irlanda. Dios respondió sus oraciones desesperadas, aterrorizadas, y él respondió escribiendo lo que probablemente sea uno de los himnos más amados en toda la cristiandad:

> Sublime gracia del Señor,
> que a un infeliz salvó;
> fui ciego mas hoy veo yo;
> perdido y él me halló.

¿Qué haríamos sin «Sublime gracia» o tantos otros de nuestros grandes himnos? Algunos de ellos fueron escritos por hombres y mujeres de cuyas vidas nada sabemos, pero su obra sigue ministrando, tocando corazones, cientos de años después de la muerte de sus compositores humanos. Pocos instrumentos humanos se han usado tan completamente por el Espíritu de Dios como los himnos.

Finalmente, ¿qué de los *cánticos espirituales?* En este punto es donde se origina la mayor parte de la controversia. Las palabras se traducen literalmente como «oda a un soplo». La idea es de algo que surge espontáneamente del espíritu. Podemos imaginar que los servicios de adoración de la iglesia primitiva eran mucho menos formales que nuestros servicios. En efecto, en algunas de sus cartas, Pablo pide un poco más de orden. Si usted y yo hubiésemos visitado un servicio del primer siglo, podríamos haber visto a uno que se levantaba espontáneamente para cantar un solo. Al terminar, alguien podría levantarse a recitar un versículo amado de las Escrituras hebreas. Casi todos tomaban parte de la adoración en forma espontánea. La frase *cánticos espirituales* puede aludir a cantar a Dios de un modo que era tan natural y espontáneo como el respirar, una oda a la respiración; pero también abarca toda la hermosa música que hemos usado para alabar a Dios a través de los años.

El evangelio, desde el principio mismo, es sobre la libertad; no solo de la esclavitud del pecado, sino también la dependencia de sacerdotes; libertad del estéril legalismo; libertad de las barreras entre judíos y gentiles. En consecuencia, había una nueva diversidad que los primeros cristianos hallaban refrescante y estimulante. Podemos inferir en nuestros estilos de culto en la actualidad uniendo a un Haendel reconocido por el tiempo y los modernos coros de alabanza. Todo eso es aceptable al Señor, en tanto lo ofrezcamos con el espíritu correcto. Nosotros mismos somos diversos, y representamos diversos grupos de edades, trasfondos culturales, género y perspectiva. Nuestra música y su expresión reflejarán esto. Los himnos tienden a atarnos a nuestra tradición, que no es del todo malo; las canciones espirituales nos permiten hablar del momento, que también es bueno. Estas no tienden a perdurar como los himnos, pero sirven a un propósito dinámico dentro del momento cultural.

Los himnos que nos parecen «formales y eclesiásticos» pueden sorprendernos por su origen. Martín Lutero y otros en realidad tomaron melodías comunes que se oían cada día y las redimieron con la verdad de la Palabra de Dios. Debemos siempre estar dispuestos a envolver las verdades eternas en los mejores envoltorios nuevos. Imagínese la iglesia de esta esquina de la calle que solo canta canciones nuevas. Al otro lado de la calle, imagine una iglesia que solo canta himnos. Luego, en una tercera esquina, está la iglesia que se especializa en cánticos espirituales. Un domingo por la mañana, usted puede detenerse en las intersecciones para oír que toda la música se mezcla: para nuestros oídos caos y cacofonía; pero al elevarse a los cielos, todo se entreteje hasta que se convierte en una hermosa armonía en los oídos del Señor, porque tantas personas diversas están adorando. No necesitamos limitarnos a nosotros mismos si Dios mismo no lo hace. Pablo no dice: «salmos *o* himnos *o* canciones espirituales». Usa la conjunción *y*, palabra que indica *diversidad*.

CANTAMOS PARA REGOCIJARNOS

William Cowper (1731–1800) no tenía más de seis años cuando vio morir a su madre. Su padre, incapaz de cuidarlo, puso al niño en un internado. Allí era el más pequeño y el más joven, así que el pequeño William se vio sujeto a intimidaciones y persecuciones. Lo golpeaban y lo ridiculizaban hasta que temió por su propia vida.

Cuando Cowper tuvo más edad, dos relaciones amorosas fallidas lo quebrantaron de corazón. Varias veces intentó quitarse la vida, incluidas una sobredosis de opio, ahorcarse y un intento de caer sobre la hoja de su cuchillo, la que se quebró debajo de él. En realidad, cada vez que intentó suicidarse, fue librado por una de esas extrañas vueltas de la vida. Nada parecía importarle; era un individuo miserable, vacío que no veía propósito en la vida. Su enfermedad mental se agudizó hasta que lo encerraron en un asilo. Fue allí, en el más bajo y miserable de todos los lugares de aquel tiempo, que el Señor finalmente alcanzó a William Cowper.

Ocurrió un día cuando Cowper recibió la visita de un familiar que abrió la Biblia y le leyó Romanos 3:25. El familiar trató de explicarle pacientemente el sentido de las misteriosas ideas de propiciación, fe y sangre. Por su sacrificio y persecución, Jesús había venido a redimir lo oscuro y miserable de ese mundo. Él también había sido despreciado y desechado por los hombres. Pero su amor lo venció todo. Cruzó las edades, el espacio hasta las profundidades de un asilo mental y a un alma torturada.

Cowper después explica que fue la primera vez que los ojos de su alma vieron un rayo de esperanza. Jesús se preocupaba por él. Había cubierto todas las transgresiones de su vida y las había borrado con su propia sangre. Por cierto, había sido Jesús quien había quebrado la hoja del cuchillo, quien le había impedido ahorcarse, y quien una noche usó la niebla para evitar que encontrara el río donde lanzarse. Con el corazón lleno de gozo, William Cowper se convirtió en seguidor de Cristo ese día. Aun antes de salir del asilo, el feliz joven tomó la pluma y compuso las siguientes palabras:

> Hay un precioso manantial
> de sangre de Emmanuel
> que purifica a cada cual
> que se sumerge en él.

William Cowper había hallado la corriente en la cual lavarse, y la miseria dio lugar a la melodía. Las profundidades de su sufrimiento, que antes eran solo vacío, ahora fueron milagrosamente transformadas en sabiduría, poesía y majestuosas notas musicales. De su dolor surgieron grandes himnos. Dios impidió que se quitara la vida y luego convirtió todos sus sufrimientos en algo que el mundo no podía tocar. En respuesta, Cowper escribió: «Dios se mueve en forma misteriosa, para realizar sus maravillas».[5]

Lo mejor de todo, ese mismo tipo de intervención sobrenatural todavía ocurre. Acerca de esto puede preguntarle al compositor y director de alabanza Don Moen. Una noche, en alguna parte remota del desierto tejano, su cuñada y su esposo viajaban con sus cuatro hijos, ya bien avanzada la noche. No vieron un camión que se aproximaba, y el conductor del camión tampoco los vio. Los niños fueron lanzados fuera del furgón. En la horrible oscuridad, los padres se guiaron por los gritos de los niños heridos. Pero el hijo de nueve años de Craig Phelps no lloraba. El impacto le había roto el cuello y estaba muerto.

Craig, que era doctor, trató rápidamente de revivirlo. Pero la voz de Dios irrumpió en ese caos: *Jeremy está conmigo*, parecía que Dios decía. *Preocúpate de los que están vivos*. Pasaron cuarenta y cinco minutos atroces antes que llegara la ambulancia al desolado lugar en el desierto.

Al día siguiente, cuado viajaba hacia el funeral por avión, Don Moen abrió su Biblia. ¿Fue solo el azar el que dirigió sus ojos a Isaías 43:19? Pienso que no. «Abriré camino en el desierto, y ríos en la soledad», leyó Don. Inmediatamente fluyó en su interior una canción, como si estuviera completamente formada. Fue uno de esos momentos en que la inspiración vence al artista.

Después del servicio fúnebre, Don abrazó a los desconsolados padres; sus lágrimas se mezclaron con las de ellos. Se las arregló para decirles que Dios había provisto una canción especialmente para ellos. Con un nudo en la garganta, cantó:

> Dios abrirá un camino donde no lo hay,
> obra por medios que no podemos ver.
> Él me abrirá un camino;
> me estrechará a su lado, será mi Guía;
> con amor y poder para cada nuevo día,
> Él me abrirá un camino, abrirá su camino.

> Por el camino en el desierto me guiará,
> en el desierto, ríos podré ver;
> los cielos y la tierra pasarán,
> pero tu palabra permanece para siempre,
> Él hará algo nuevo hoy día.

Actualmente, esa pequeña canción ha dado la vuelta al mundo. Ofrece el consuelo del Señor en cada rincón del globo, simplemente porque los hijos de Dios, adoloridos, abren un camino en el peor desierto de la vida. Podrían haber puesto los ojos en los restos del accidente en un camino el desierto, pero en cambio vieron el camino invisible: el que Dios siempre provee hacia la esperanza y la liberación. Los Phelps y los Moen sabían que al final de ese camino, un risueño niño de nueve años espera para darles la bienvenida.[6]

No se equivoque: la música es un canal especial de bendición, consuelo y fortaleza divina. Aun en las profundidades del sufrimiento, podemos volver nuestros corazones y voces a la amada música provista por la mano de Dios. Algún día estaremos delante del trono, cantando y proclamando todas nuestras alabanzas al Rey, con toda la elocuencia que soñábamos tener. Por ahora, en la esfera de lo terrenal, tenemos música que nos dan un vistazo previo, un sabor anticipado de la gloria divina. La música es un don precioso de Dios, plantada en los fundamentos de nuestra alma, liberada luego por nuestros labios para retornar al hogar celestial.

Dios siempre abrirá un camino, y uno de los caminos más claros y directos hacia Él es la música que nos da.

10

¡Esto significa guerra!

DIEZ

¡Esto significa guerra!

F UE UNO DE ESOS HERMOSOS CREPÚSCULOS de mediados de marzo, cuando es imposible tener un carácter sombrío. El viento era suave, el aire fresco, y era un gozo solo estar bajo el cielo y contemplar los primeros destellos de las lejanas estrellas.

La ciudad era San Francisco y el nombre del hombre, Jerry Brandt. Jerry dirige un grupo llamado Action Evangelism, y su pasión es la gran ciudad. Para aquella hermosa noche estaba programado un culto de alabanza y oración en Union Square. El acontecimiento daría comienzo a una nueva iniciativa: alcanzar a los sin hogar de la ciudad.

Jerry llegó temprano para cuidar de algunos detalles. Pero mientras se dirigía a Union Park, hubo problemas. Una turba apareció repentinamente en la esquina y bajó corriendo por Market Street. Jerry había hecho la reservación del parque por los canales oficiales. Había firmado los papeles y pasado por toda la burocracia, oficialmente al menos. Pero aquella muchedumbre no estaba preocupada de papeles ni permisos. Tenían su propia agenda, y estaban deseosos de hablar con Jerry al respecto. Un hombre se adelantó al frente del grupo.

—¿Es usted el encargado? —preguntó en forma imperiosa.

Jerry no estaba preparado para esta situación. Respiró profundamente.

—Soy el segundo a bordo —respondió—. El encargado es Jesucristo.

Por supuesto, el hombre no prestó atención a su respuesta. Ya estaba haciendo gestos hacia Market Street y al pequeño ejército que lo flanqueaba.

—Hay mil personas que se dirigen a este lugar —desafió—. Vamos a tomarlo. Solo espere hasta que llegue el resto de nosotros.

Jerry no tenía tiempo para deliberar. Lo que se había programado como un evento positivo, un culto de adoración, ahora parecía que se iba a volver feo y aun peligroso. ¿Qué hubiera dicho usted? ¿Qué habría hecho?

Jerry no tuvo que reflexionar sino un instante. Inmediatamente sintió un salto en el corazón. Dios le dio las palabras y Jerry las dijo con confianza.

—Déjenme decirles algo —dijo—. Ustedes llegaron tarde. Jesús ya tomó esta plaza, y vamos a glorificar su nombre aquí esta noche.

Estaban allí unas quince personas del grupo de Jerry. Las reunió y oraron de inmediato para que llegara el resto del grupo. Entonces Jerry y sus amigos se subieron a la plataforma y continuaron sus preparativos. Su tarea era adorar y alabar, ni más ni menos. Dios cuidaría del resto. Mientras los voluntarios trabajaban uno de los miembros recitó un versículo de las Escrituras. Era Deuteronomio 28:7, que dice: «Jehová derrotará a tus enemigos que se levantaren contra ti; por un camino saldrán contra ti, y por siete caminos huirán de delante de ti». De algún modo llegó el poder por medio de ese pequeño versículo. Era aferrarse a una promesa, un golpe de adrenalina, un grito de guerra; todos se llenaron de nuevas fuerzas y valor. Jerry y sus amigos sabían que era cuestión de ignorar las amenazas lanzadas contra ellos, y adorar y alabar el nombre de Dios.

Sin embargo, repentinamente su atención se desvió a algo extraordinario. A la entrada de la plaza, el airado ejército había detenido su marcha. Ahora estaban realizando una media vuelta y huyendo de Union Square. Salieron tan rápido como habían llegado, pero ahora motivados por una emoción diferente, algo que tenía una gran semejanza al miedo. Las alabanzas a Dios los habían dispersado y habían despejado el campo de batalla.

«Cuando recuerdo esa noche», nos dice Jerry, «comprendo que Dios nos había salvado. Y lo hizo enteramente por el poder de la adoración».

El incidente cambió el ministerio de Jerry para siempre. Cuando sus amigos trabajan en las calles y se encuentran en las garras de una guerra espiritual, lo primero que hacen es alabar y adorar a Dios.[1]

La adoración es el arma que siempre cambia el curso de la batalla.

EL PODER DE LA ALABANZA

La mayoría estamos familiarizados con la idea de la alabanza como adoración. Algunos nos sentimos cómodos con el concepto de alabanza como testimonio. Pero pocos hemos aprovechado el poder de la alabanza como arma de guerra. En la confrontación nuestro primer impulso es ponernos a la defensiva. Pero aquí tenemos una forma en la que podemos tomar la ofensiva. Simplemente eleve y exalte el nombre de Jehová Dios.

¿Adoración y guerra? Quizá considera que estas dos cosas son antagónicas y no camaradas. Pero yo no inventé la idea; la Biblia está llena de ella. Dé un vistazo al Antiguo Testamento; comience con Josué, y hallará al pueblo de Dios que constantemente entra en la batalla alabando el nombre de Dios mientras avanza. También hallará momentos en que pelearon sin tener ganas de adorar, y en esas ocasiones fueron derrotados. La batalla victoriosa siempre requiere una adoración victoriosa. Pregunto: ¿Por qué las cosas deberían ser diferentes hoy en día?

Los creyentes modernos somos rápidos para conversar sobre la guerra (espiritual o de otro tipo), y tenemos opiniones firmes sobre la adoración. Pero raras veces hacemos la conexión fundamental entre ambas. Nunca entraremos en la batalla sin la adecuada adoración del nombre de Dios. El hecho de no captar la idea podría ser la razón de más problemas en el cristianismo moderno de lo que estamos dispuestos a reconocer. El hecho es que la alabanza y la adoración son procesos de *refinamiento*. No podemos estar en la presencia de Dios sin una profunda conciencia de nuestro pecado y sin confesarlos, permitiendo la purificación que Él solo puede dar. La adoración limpia nuestras manos y corazones, y así entonces podremos saber cómo pelear. Puede disipar la niebla pecaminosa de nuestros ojos y hacer las cosas a la manera de Dios.

Algunos han dicho que Satanás tiene reacciones alérgicas cuando hay verdadera adoración. Es una forma interesante de visualizarla; cuando nosotros estallamos en adoración, el diablo es atacado por las avispas. No sabemos si le pica, estornuda o tose, pero sabemos que se siente muy incómodo en las ocasiones cuando apartamos los ojos de nosotros mismos y los ponemos directamente y en actitud de adoración en el Señor de gracia. Entonces es que comienzan a ocurrir las obras poderosas de Dios. Entonces es que tomamos poderosas armas en la mano, gritando: «Firmes y adelante, huestes de la fe» y avanzamos sobre las posiciones enemigas. Las fuerzas del infierno no pueden prevalecer contra el nombre exaltado de Cristo.

UNA PEQUEÑA PORCIÓN DE «DIABLO, VETE»

Mary Slosser, prominente misionera en China, dijo en cierta ocasión que cuando se encontraba en medio de actividad demoníaca y presiones mundanas, ella cantaba la Doxología y despedía al diablo. Eso expresa la idea con cierto brío, ¿verdad? La alabanza es un arma poderosa. Amy Carmichael, misionera que cuidaba los niños en el sur de la India, añadió: «Creo verdaderamente que Satanás no puede tolerar la alabanza ni la adoración», de modo que se escapa de la habitación, más o menos, cuando hay una verdadera canción».[2] Y el evangelista Jack Taylor escribió: «Los mentirosos del abismo del infierno no pueden vender sus productos en una atmósfera de alabanza y adoración».[3]

Estas son voces de un pasado no tan distante. Pero escuchemos a uno un poco más antiguo: Ignacio de Antioquia. Vivió solo ochenta años después de la resurrección de Cristo y escribió un libro llamado *La Epístola a los Efesios*; no es necesario que les diga que no es lo mismo que la epístola que tenemos en la Biblia. Ignacio escribió:

> Entonces prestad atención a reuniros para dar gracias a Dios y dar curso a su alabanza, porque cuando os congregáis con frecuencia en el mismo lugar, los poderes de Satanás sufren destrucción y sus dardos de fuego que invitan a pecar, caen en tierra sin eficacia. Porque vuestra concordia y fe armoniosa producen su destrucción y atormentan a sus asistentes.[4]

¿Sabe usted si hay alguien que realmente se descompone cuando usted va a la iglesia? No, no es el tipo de la banca del lado que objeta su canto. Cuando usted adora a Dios, en público en el santuario, o en privado, eso atormenta verdaderamente al diablo y a cada uno de sus «asistentes». Disloca la detallada agenda de las obras demoníacas. En todas las demás cosas que hacemos, desde mirar televisión hasta las compras de víveres y emprender vuelos de negocios, hay innumerables ventanas de oportunidad para el diablo de intervenir y hacer lo suyo. Pero cuando usted adora devotamente a Dios, Satanás queda fuera de su liga. Queda completamente despojado de poder, y esa ha sido siempre la única cosa que el diablo no puede soportar.

La adoración ha sido siempre nuestra arma. Considere esa medianoche en una cárcel de Filipos, cuando dos prisioneros, Pablo y Silas, elevaban sus voces y cantos de alabanzas a Dios. Considere a Jonás, el desventurado profeta que se convierte en alimento para un gran pez, que canta alabanzas de liberación al Dios que lo puso en el vientre del gran pez. Si hizo vomitar al pez, puede imaginar cuanto más alérgico el diablo es a las canciones de alabanza que suben desde el fragor de una batalla. Piense en todos los salmos en los que David comienza con una profunda depresión, lamentando la injusticia del éxito de los enemigos. En muchos de esos, vuelve su atención y poesía a las alabanzas a Dios, y su salmo finaliza con una nota de victoria.

Ese puede ser el patrón de su vida.

CENTRAL EN LA BATALLA

En 2 Crónicas, hallamos la historia de un tiempo de tribulación en la tierra de Judá. Fue un período oscuro que contrastaba con los magníficos reinados de David y Salomón. La nación se había dividido en dos pequeños países: Israel en el norte y Judá en el sur. Israel lo gobernaba un mal rey llamado Acab, y su igualmente malvada esposa, Jezabel. Eran la última «pareja de poder», íconos de gobierno corrupto.

Pero en el sur, la nación de Judá la gobernaba un rey más benigno. Se llamaba Josafat, el cuarto rey de Judá. Las Escrituras nos dicen que anduvo en los caminos del Señor y honró las tradiciones de David. Así que había un rey malvado en el norte y un rey justo en el sur. Pero con el tiempo ambas naciones se unieron políticamente por una alianza matrimonial, cuando la hija de Acab se casó con el hijo de Josafat.

Como ocurrió, Acab trató de usar la alianza para manipular a su par del sur. Cortejó a Josafat con granjerías y cenas hasta que el rey del sur estuvo de acuerdo en unir su nación en una guerra contra uno de los enemigos de Israel. Josafat sabía que actuaba sin sabiduría; un profeta le había advertido contra las alianzas no santas. Las uniones mal aconsejadas, en el matrimonio, en los negocios, o la política derriban todo lo que tratamos de lograr. Pero Acab era el padre de la nuera de Josafat. ¿Cómo podría decir que no? Podía, pero no lo hizo.

Juntas las fuerzas de Israel y Judá fueron a la guerra. Recordamos la gran batalla principalmente porque la flecha de un arquero anónimo dio en el blanco y se introdujo entre las junturas de la armadura. Así murió el rey malo en la batalla.

Sin embargo, Josafat vivió para contar la historia. Más que eso, vivió para reflexionar profundamente sobre sus consecuencias. El rey sabía que la ayuda de Dios en nuestras batallas es un reflejo de cómo el Señor percibe nuestra obediencia. Josafat sabía que había formado una alianza que ofendió gravemente a Dios, y seguramente el rey tendría que pagar por su mal considerada acción. Por la misericordia de Dios no había perdido la vida… todavía. ¿Qué debía hacer? ¿Cómo podía arrepentirse? Había comprometido sus principios para agradar al padre de la esposa de su hijo, pero el resultado fue la muerte de ese mismo hombre. Así Josafat regresó triste a la puerta de su casa, y ¿a quién encontraría allí sino al profeta de Dios? Jehú el vidente lo estaba esperando, posiblemente la última persona que el cansado rey quería ver. El vidente dijo el mismo pensamiento que ya ocupaba la mente de Josafat: «¿Das ayuda al impío y amas a los que aborrecen a Jehová? Por esto, la ira de Jehová será contra ti» (2 Crónicas 19:2). Pero también afirmó que Dios no estaba del todo desagradado con Josafat y su reinado. El rey había quitado los ídolos de madera, y de corazón buscaba a Dios.

Sin duda estos signos vitales de su devoción salvaron la vida de Josafat. Ahora podía haber una segunda oportunidad, sin otras desviaciones desastrosas del camino que Dios le había trazado; él podía cuidarse de eso. Josafat se estableció y sirvió a Dios con coherencia y sin compromiso, lo mejor que pudo.

LA BATALLA POR EL CORAZÓN

La vida fue muy pacífica hasta el día cuando un mensajero irrumpió en el palacio con graves noticias. Un ejército se movilizaba a lo largo de la frontera de Judá, y era una fuerza masiva. El ataque era inminente.

Josafat se había encontrado en esta situación con anterioridad y había aprendido una cosa: El corazón de la batalla es la batalla por el corazón. La devoción con otros compromisos no iba a servir. ¿Había aprendido bien su lección el rey? He encontrado en mi propia vida que cuando fracasamos en una prueba, Dios da una nueva prueba, y muchas veces la da muy pronto. Aquí estaba la segunda prueba de Josafat, y la pasó con honores.

El relato lo encontramos en 2 Crónicas 20. Los atacantes eran los amonitas y moabitas, y a ellos se unió un tercer ejército de más allá del Mar Muerto. Era un desafío muy grave que tenía como meta sacar a Josafat. «Josafat tuvo temor, se propuso consultar a Jehová e hizo pregonar ayuno en todo Judá. Se reunieron los de Judá para pedir socorro a Jehová, y de todas las ciudades de Judá vinieron para buscar a Jehová» (2 Crónicas 20:3,4).

«Josafat tuvo temor». ¿Era algo incorrecto que el rey temiera? Lo incorrecto hubiera sido que no temiera. El temor es el reconocimiento de que carecemos de los recursos para el desafío que nos confronta. Josafat sabía que su reino era superado en número desde la perspectiva militar. Su esperanza no estaba en el poder del ejército, sino en la mano de Dios. Por eso Josafat convocó a todo el pueblo para ayuno y oración nacional. Era el primer recurso del rey; no el último: buscar a Dios en la crisis, y vio que todo el pueblo hizo lo mismo.

Al leer los versículos que siguen, encontramos que Josafat se puso de pie ante el pueblo y asumió la dirección en la adoración y la alabanza de Dios. Alabó a Dios por lo que es. Alabó a Dios por lo que había hecho. Finalmente alabó a Dios por lo que iba a hacer en el futuro. Entonces cambió la alabanza en petición, pidiendo a Dios que manifestara su poder en favor de su pueblo. En sus palabras lo que decía era: «Aquí vienen esos impíos invasores. Siempre han sido una afrenta para ti y tu pueblo. Pudimos haberlos destruido cuando salimos de Egipto, pero tú nos refrenaste. Ahora ellos han regresado, y retribuyen tu misericordia con amenazas. Ellos quieren tomar la tierra que has apartado, la tierra que nos diste por hogar. ¿No los juzgarás?» También reconoce que los ejércitos de Judá carecen de poder frente a esta amenaza y no sabe cómo responder. En favor de su nación, Josafat mismo se arroja sobre la misericordia de Dios.

También leemos que hubo un sermón en esta reunión de alabanza. Uno de los profetas del reino se puso en pie y predicó, llamando a todos a poner su confianza en Dios. «No temáis», les dijo, «la batalla no es vuestra, la batalla pertenece a Jehová». Dirigidos por el rey, cada uno se inclinó ante Dios y oró. Y la observación interesante que hacemos es que, entretejida con la alabanza y la adoración sincera de Dios —por medio del sermón, el canto, las súplicas— vino la estrategia para la batalla. La adoración y la guerra estaban entrelazadas de una manera que nosotros en el siglo veintiuno nunca nos imaginaríamos si no lo descubriéramos aquí.

LA ADORACIÓN VA A LA GUERRA

La reunión de la nación llegó a su fin, pero no la adoración. Al día siguiente, se emprendió la batalla. El ejército siguió adorando al enfrentar al enemigo. Era un ejército que cantaba mientras marchaban: «Alabad a Jehová, porque su misericordia es para siempre». Era todo por designación, Josafat señaló soldados para que cantaran y soldados que alabaran a Dios «por la belleza de su santidad» (2 Crónicas 20:21). Los cantores no llevaban armas sino sus voces y su corazón de adoración. Y mientras el pueblo de Dios alababa su nombre y cantaban los himnos, la mano de Jehová comenzó a moverse contra el enemigo, como nos cuenta el versículo 22. En realidad, en vista de la alabanza y devoción unificada de Judá, el enemigo básicamente se consumió a sí mismo. Los tres ejércitos invasores se volvieron unos contra otros en confusión y se mataron entre ellos hasta que no quedó hombre en pie.

Así vemos que a medida que los planes para la batalla se solidificaban por medio de la adoración, así la adoración culminó en el campo de batalla. Creo que hay una profunda lección de este sorprendente concepto. Cuando se sale hacia la batalla —sea una crisis familiar, o un problema de su carrera— tenemos dos estrategias. Podemos ir con nuestras debilidades y enfrentar la derrota, o podemos tomar el poder de Dios con nosotros.

¿Cómo hacemos lo segundo? Simplemente amamos, adoramos y alabamos su nombre. Sabemos que Dios establece su morada en medio de nuestras alabanzas, y que Él marchará con nosotros aun hasta los rincones más lejanos de la tierra y hasta el fin de los tiempos. Cuando adoramos, nuestras estrategias de la vida se reúnen de un modo que nosotros nunca podríamos haber formulado por nuestros propios medios. Entonces, al enfrentar el desafío que tenemos por delante, seguimos alabando, o cantando al Señor, que es más grande y fuerte que cualquier desafío que pudiera interponerse en nuestro camino. La maravilla de la adoración, que guía nuestra experiencia cotidiana, cambiará completamente la forma en que vemos todo lo que nos confronta, incluyendo los problemas de la guerra espiritual.

¿Cuál es ese desafío que lo confronta hoy? Le exhorto a no concentrarse en la miseria de la crisis, sino en el dominio de Cristo. Entonces, sígalo a la batalla. Vea si los demonios mismos no se vuelven y huyen del camino, aterrorizados por la piadosa alabanza y adoración.

11

Extrañas pero ciertas historias de adoración

ONCE

Extrañas pero ciertas historias de adoración

HEMOS CONSIDERADO LA HISTORIA DE Josafat, rey que ganó una batalla por medio de la adoración. No es muy difícil para nosotros aceptar esa historia; viene de la Palabra de Dios, después de todo, ocurrió en un distante período bíblico. Los milagros simplemente parecían parte de la batalla de la experiencia diaria en aquellos tiempos.

Pero, ¿qué pasa en la actualidad? Con frecuencia oímos que los cristianos se encogen de hombros y dicen: «La gran marea de milagros se agotó cuando llegaron a su término los tiempos bíblicos. Esta es la era de la ciencia; Dios ya no hace cosas como esas. Nuestros milagros son la tecnología y la medicina».

¡Espero que no! Con frecuencia me asombra cuánto del poder de Dios para hoy lo confinamos al libro cerrado del pasado. ¿Será que no tenemos poder porque no lo pedimos y no vemos milagros porque no los esperamos? Si usted está inamovible en la proposición de que no hay milagros en su vida, le garantizo que tiene la razón. Pero si vive diariamente en el poder de la fe, y espera que Dios se manifieste dentro de la más mundana de las actividades del más moderno de los mundos, usted empezará a ver cosas maravillosas.

En la actualidad hay personas que se niegan a ser gobernados por el pensamiento convencional. Esperan grandes cosas de Dios y emprenden grandes cosas para Dios. Caminan por el borde de las limitaciones humanas y dan un valiente paso más dentro de la frontera de la fe, donde no hay límites sino la soberana voluntad de Dios. La medicina y los *megabytes* no bastan para ellos; viven seguros de servir a un Dios poderoso, y nunca se sienten desilusionados. Creo que usted hallará que uno de los denominadores comunes entre estos creyentes es un enfoque cultivado de la adoración. Exaltan el nombre de Dios en todo tiempo, se gozan en el Señor siempre, y ven el poder que es liberado cuando viven de esa manera.

Algunos son misioneros, y luchan en las líneas frontales de la batalla espiritual. Me gustaría contarles cierta historia.

EL PODER DE DIOS EN MOMBASA

El escenario es Mombasa, puerto en el sureste de Kenya. Un misionero llevaba a cabo una cruzada de alabanza y adoración como actividad central. Kenya es un país con muchos creyentes, un lugar donde el Espíritu de Dios está en acción. Es también un lugar donde el mal es muy real, y la actividad demoníaca deja su marca en la población. Este día millares de aldeanos hicieron largos viajes desde diversos puntos del África sur oriental para experimentar el poder de Dios de una manera poderosa.

Faltaba media hora para la iniciación del servicio en el gran lugar de reunión, y grandes amplificadores difundían música de adoración y alabanza. Las palabras estaban en inglés. En Nairobi, Mombasa y las grandes ciudades hay quienes hablan inglés, pero la mayoría de esos aldeanos de provincia no podían entender las palabras que estaban oyendo.

Realmente parecía que no importaba. El Espíritu de Dios habitaba en las alabanzas, llegó victorioso por medio de los grandes parlantes, e infundió entusiasmo en los corazones de la gente. Muchos de ellos tenían hambre; muchos estaban cansados del viaje. Ahora llegaban a un lugar bañado en oraciones y lleno de música celestial, música sana. Ciertamente el Espíritu de Dios estaba en este lugar, y surgió la esperanza.

Comenzó una nueva canción: «Estamos ... en tierra santa». Un observador contó más tarde que esa noche la gente hablaba de oír chillidos de demonios cuando los primeros compases de esa canción específica se escuchó por los parlantes. Esto no era la invención de un escritor después de los hechos, ni lenguaje figurado orientado a la elocuencia; era la observación literal de muchas personas que allí estaban. En mi iglesia tengo misioneros que me han contado que esto ocurre con frecuencia en los países oscuros del mundo dominados por Satanás. En los Estados Unidos sabemos muy poco de este tipo de actividad demoníaca.

Aquí mismo puedo sentir algo de la incomodidad con que se revuelcan en sus asientos. Cuando los ángeles y demonios entran en la conversación, algunos de nosotros mostramos sorpresa. Desafía nuestras concepciones de lo que es ortodoxo en nuestra fe. No tenemos muchos tratos «contra huestes espirituales de maldad en las regiones celestes» (Efesios 6:12). ¡La historia es diferente en el campo misionero!

UNA AVENTURA EN ALABAMA

Nuestra primera línea de defensa en la negación de lo sobrenatural es confinarlo a los tiempos bíblicos. La segunda es conceder que quizá haya hechos sobrenaturales lejos en ultramar, en algún exótico país del tercer mundo que nunca lograremos ver. «Estas cosas pudieron ocurrir hace mucho tiempo y muy lejos, pero no en mi vecindario». Esta podría no ser una buena línea de lógica, pero ha convencido a millones de verdaderos creyentes.

Por eso quiero contarles esta historia desde el Corazón de Dixie.

Era el año 1987, y recuerdo haber seguido una perturbadora serie de artículos en el diario. Brotó una avalancha de suicidios de adolescentes en el rincón sur oriental de Alabama, y nadie podía explicarlo. La tragedia del suicidio de adolescentes es un problema social vigente, pero esto era diferente. Rick Hagens, predicador bautista del sur, percibió una fuerza espiritual en acción, una especie de iniciativa demoníaca contra los adolescentes en la edad del pelo rebelde. Sabía que un culto satánico estaba establecido oscuramente en su comunidad, y sintió que los dos fenómenos estaban relacionados.

Hagens dedicó bastante tiempo a los jóvenes simplemente escuchando sus historias y sus preocupaciones. Muchos de ellos le contaron acerca del culto al diablo y cómo era una gran preocupación entre su gente. Todos sabían del anillo de adoradores del diablo, y no estaba lejos fuera de la periferia; uno de los muchachos más populares de la secundaria estaba involucrado. Lo llamaremos Sheldon. Sheldon había visto demasiado del grupo satánico y quería salirse. Sin embargo, pronto descubrió que esto sería muy diferente de retirarse del equipo de fútbol y de unirse a otro grupo de muchachos. Se le advirtió que si trataba de dejar el grupo le costaría la vida.

Sheldon contó a sus amigos cristianos su difícil situación así que, como les dijo: «Si me encuentran muerto, ustedes sabrán quiénes fueron mis asesinos». Quizá parecía la expresión de una imaginación demasiado caldeada. A veces los adolescentes son conocidos porque son melodramáticos.

Trágicamente, Sheldon sabía de qué hablaba. Pocas semanas después, sacaron de un auto su cuerpo sin vida. Una manguera desde el conducto de escape estaba pegada con una cinta a su muñeca. Según los investigadores y los que realizaron la autopsia, tuvo que haber sido un suicidio, y esa fue la versión oficial. La gente pensó que era trágico, y lo marcaron como perteneciente a una terrible pero inexplicable tendencia. Pero el grupo de Rick Hagens sabía bien lo que había ocurrido. Los compañeros de clases de Sheldon recordaban sus terroríficas palabras, y no podían señalar su muerte como una coincidencia.

Cuando Rick supo de esta muerte, anunciada tan patéticamente por la víctima, fue una fuerte advertencia. Decidió movilizar a la comunidad cristiana y concentrarse en el problema de la guerra espiritual. Conversó con las personas adecuadas en el departamento de policía y aprendió en cuanto al tamaño y alcance de las áreas de culto satánico. No era una cuestión solo de adolescentes; también había adultos involucrados. Por lo menos en un caso, se supo de un ministro que pertenecía al círculo. Un detective dijo a Rick que los miembros del culto estaban eligiendo nombres de otros estudiantes que querían verlos morir. A las víctimas los inducirían a quitarse la vida o los matarían de modo que pareciera suicidio.

Rick no podía creer lo que estaba oyendo. Dijo a la policía que él y cada miembro de su fuerza de trabajo estaban dispuestos a ayudar de cualquier forma que fuera posible. Pero aquel fenómeno iba más allá de la aplicación de la ley o consejería de adolescentes; era una guerra espiritual a todo dar. Rick y los miembros de su grupo comenzaron a ir a todos los lugares clave de la ciudad —las escuelas secundarias y los lugares frecuentados por los miembros de la secta— y allí adoraban al Señor. Bañaron las áreas con oración, alabanzas e himnos a la grandeza de Dios. Repitieron el proceso cada día durante una semana.

EN EL VALLE DE SOMBRA DE MUERTE

Un día el grupo de Rick reflexionó acerca de la historia de Elías en el Antiguo Testamento. También estaba rodeado por el mal en una tierra que debía pertenecer al pueblo de Dios. Elías desafió a los profetas de

Baal para ir al Monte Carmelo y demostrar el poder de su dios. El Dios de Abraham, Isaac, y Jacob ganó la competencia y, por supuesto, infligió una aplastante derrota a las huestes malignas. El poder de Dios siempre gana en ese tipo de confrontación.

Entonces Rick decidió llevar el problema a un punto crítico. Pidió permiso para hablar por la radio y la televisión local, y allí emitió un desafío a los adoradores de Satanás. Estaba dispuesto a encontrarse con ellos en la hora y en su lugar favoritos: La noche de Halloween en el cementerio. El enemigo podía tener la ventaja de ser local, pero advirtió a sus oponentes que tomaran nota: Jesús estaría con el grupo, y la victoria ya había sido ganada hacía dos mil años.

Es fácil imaginar que Rick y su grupo estaban un poco más que nerviosos. La noche de Halloween, cuando dieron la medianoche, Rick estaba en el cementerio rodeado por sus amigos y personas que lo apoyaban. Después observó que siempre había combatido al diablo con oraciones y predicación, pero esta noche tenía una impresión diferente de parte de Dios. El centro debía ser enteramente la alabanza y la adoración. El grupo había venido con una cruz de cuatro metros de alto, y levantada, la plantaron en tierra. También llevaban una bolsa de folletos para darle a cualquier interesado. Pero la atención no debía estar puesta en algo que no fuera la exaltación de Cristo. Eso era lo que el Espíritu Santo parecía decir con su voz queda y delicada.

El equipo de Rick se reunió alrededor de la cruz y comenzaron a cantar. Estaba demasiado oscuro para tener hojas con las palabras, así que cantaron de memoria cada canción que podían recordar. «Tal como soy», «En la cruz», y muchos otros. Los creyentes alababan a Dios de todo corazón, y se sintieron fortalecidos por su propia unidad y el cosuelo y seguridad del Espíritu Santo.

Pronto se escuchó el sonido de pasos en el pasto seco, y negras sombras comenzaron a materializarse en la bruma nocturna. El enemigo llegaba. Habían desollado una vaca y le habían sacado las entrañas, acto de maldad que realizaron sin otra finalidad que la intimidación. Ahora, a medida que sus negras sombras emergían de la oscuridad, formaron burlones y provocativos un círculo alrededor del apiñado grupo. Habían venido disfrazados de espíritus malos, vampiros y todo otro vestigio de maldad. Medianoche de Halloween, el cementerio, y ahora imágenes de demonios mismos: no era una escena que siempre se espera ver en la región conocida como el Cinturón Bíblico.

No salieron oraciones de desafío de los dientes apretados de los cristianos. No hubo palabras rudas pronunciadas contra fortalezas espirituales enemigas ni encadenamiento de Satanás. Los creyentes simplemente ignoraron a sus intimidadores. Su tarea era alabar y adorar a Dios, y eso era una sencilla descripción de trabajo; se apegaron a ella. El ejército de Rick recibió fortaleza del Espíritu de Dios y del vínculo de unión del grupo mientras estaban alrededor de la cruz.

Fue entonces cuando sucedió lo maravilloso.

AULLIDOS EN LA NOCHE

El poder de la alabanza comenzó a avanzar desde el grupo de Rick hasta que se apoderó del grupo de los adoradores del diablo. El Espíritu de Dios los abrumó y minó su maldad. Casi se podía oír cuando el aire se escurría de ellos. Las burlas y amenazas parecieron marchitarse y se disiparon; se silenció toda estupidez. Los intimidadores estaban atemorizados. La brigada de Satanás ahora se veía estupefacta; se agacharon sobre la tierra helada, donde se sentaron y estuvieron silenciosamente escuchando los sonidos de la adoración durante cuatro horas. No era que hubiera algo artístico desde la perspectiva musical; Rick se rió de esa idea. «Ni siquiera teníamos una guitarra», dijo. Era solo un grupo de cristianos apiñados alrededor de una cruz artesanal, que cantaban melodías de alabanza y adoración.

Solo a las cuatro de la mañana los miembros satánicos se retiraron y lo hicieron en silencio. Fueron despojados de todo su desparpajo y arrogancia. Como ocurrió con Josafat, con Elías, y en Mombasa, Kenya, el diablo huyó aullando en medio de la noche, a cuidar de sus heridas. Los registros muestran que esa noche marcó el fin de los suicidios de adolescentes. Esa tendencia quedó sepultada en el cementerio bajo una cruz rodeada de adoradores.[1]

Estos casos de intervención sobrenatural de Dios son escasos porque no dejamos que sucedan. No están reservados para «aquellos tiempos» ni para «allá lejos». No están almacenados en el cielo, ni son sacados a luz solo en ocasiones santísimas. Están disponibles para usted y para mí por medio del poder victorioso de Dios, cuya potencia y sabiduría están siempre disponibles para evitar que el diablo obtenga la más pequeña de las victorias.

En la comunidad donde vivo, hay adoradores del diablo. También puede ser así donde usted vive. Podemos decidirnos a mirar en otra dirección. Podemos reírnos de ellos como inofensivos chiflados que siguen una manía pasajera. El diablo preferirá que miremos en esas direcciones. Trabaja demasiado tratando que estemos seguros de que ni siquiera existe. Pero en nuestro mundo, Satanás está vivito y coleando. Cada día ocupa nuevos territorios, y apunta particularmente hacia los jóvenes. ¿Cómo enfrentamos el desafío? La legislación no compite con el maligno. Ignorar la tendencia no ayuda. Su deleite es la incredulidad.

Nuestra única esperanza es ponernos toda la armadura de Dios y estar firmes. El arma más poderosa de nuestro arsenal es la adoración. Las más perversas maniobras del padre de mentiras nunca podrán prevalecer contra el poder de los cristianos, que unidos alaban y exaltan a Dios. Es maravilloso congregarse en nuestros santuarios para la adoración, pero necesitamos llevarla a las calles. Necesitamos adorar a Dios cada día, privadamente o con nuestra familia. Necesitamos entender que la adoración no es un rito tradicional, formal, sino la ocupación más urgente de los cristianos serios en un mundo malo.

Les voy a dejar una manera práctica de cómo hacerlo.

¡QUE SIGA LA MÚSICA!

Siento mucha gratitud por los autores y compositores que nos han dado música basada en la adoración. Estos piadosos hombres y mujeres de generaciones pasadas y presentes han hecho posible que nosotros expresemos nuestro amor y adoración de corazón al Dios Todopoderoso.

Muchos himnos y cantos de adoración los escribieron como vehículos directos de alabanza. Por eso quiero decir que estos himnos no son *acerca* del Señor; son cantos de adoración *al* Señor.

Varios himnos son especialmente significativos para mí, porque me permiten cantar mi amor y adoración directamente al Señor. «Hermoso Salvador», «Quiero, Jesús mi Rey, amarte más», «Grande es tu fidelidad» y «Cuán grande es Él» son ejemplos de alabanza y adoración directa. Y hay muchos himnos y coros más recientes que reflejan este mismo deseo de ir directamente a la presencia de Dios con el canto.

«Te amo, Señor», «Como el ciervo brama por las corrientes de agua», «Jesús, quiero alabarte», «Jesús, te coronamos con alabanzas» y «Te exalto» representan a centenares de canciones recientes que reflejan alabanza directa. Yo canto estos himnos y alabanzas mientras conduzco, cuando camino, y con frecuencia cuando estoy solo en mi estudio por las noches. Las letras generalmente son tomadas directamente de las Escrituras, ¿cómo podría equivocarme?

Es maravilloso cuando un hombre dice a sus amigos cuánto ama a su esposa, pero es un momento mucho más íntimo cuando le dice a su esposa que la ama. Me gusta cantar *acerca* de mi amor al Señor, pero tengo una sensación de mayor intimidad cuando *le* expreso mi amor en forma directa.

Quizá el renacimiento de la música de adoración y alabanza se ha producido debido a los tiempos que vivimos. Hay tanta contaminación acústica; las principales publicidades seculares publican y promueven «música» que elogian el delito, el sexo ilícito, y la falta de respeto a las autoridades. El agua cultural que bebemos ha sido envenenada. ¿Es posible que el Espíritu Santo esté usando una vez más la música de nuestra fe para llamarnos a una nueva norma de vida santa y a una experiencia más profunda de comunión con Dios?

No sé qué presiones pueda haber en su vida. Quizá vengan de la escuela o del trabajo. Quizá su fuente de ansiedad sea el tumulto familiar. Todos tenemos desafíos demasiado grandes para nosotros. No se necesita estar rodeados de demonios en un cementerio; también sus propias crisis personales son una guerra espiritual cuando amenazan dominarle. ¿Cómo puede proteger su mente y corazón?

Primero, reconozca el desafío en la dimensión que tenga. Cualquier tipo de problema es un problema espiritual. Dios quiere darle poder y sabiduría cuando tenga que enfrentarlo. Sepa que Él tiene respuesta para cualquier cuestión que esté dominando su vida. Entonces dedíquese a dar a Dios la alabanza y la gloria. Use la música como herramienta para ayudarle a alabar a Dios. La música tiene recursos para tomar nuestras emociones y expresarlas en una forma que no conocemos. Busque una buena música de alabanza en una librería cristiana local o pídale a sus amigos en la iglesia que le ayuden con recomendaciones.

Busque un lugar solitario, y luego deje que la música le guíe a elevarse hacia el invencible nombre de Cristo. Use su Biblia y las palabras de los himnos para sencillamente exaltarle y adorarle. Puedo asegurarle que si usted hace esto una y otra vez, su vida cambiará en relación con sus conflictos. Nada le abatirá; ninguna ansiedad lo vencerá. Como Pablo y Silas en la prisión, cante desde su celda y vea si el Dios Todopoderoso no comienza a remover los muros de la prisión.

Por supuesto, para adorar verdaderamente tendrá que venir con las manos limpias y un corazón limpio. No espere que esta sea una reparación ligera si hay pecados profundos en su alma; el Espíritu de Dios prontamente le llamará la atención hacia ese pecado. Pero si su corazón es puro y su vida lo honra, la alabanza y la adoración le darán la victoria sobre lo peor que Satanás pueda levantar en su contra.

Es interesante, donde Dios se mueve, ocurren cosas poco usuales. Siempre ha sido así, y siempre será. Los eventos sobrenaturales ocurren en Kenya y Alabama. Es cierto, pero pueden ocurrir también en la calle donde usted vive. La adoración es la llave que abre la puerta a las cosas maravillosas que Dios quiere lograr en su vida.

Considere que ese es su llamado a la adoración. ¿Cuándo fue la última vez que se apartó con el sencillo propósito de exaltar el nombre del Señor?

Créame, resista al diablo y huirá. Alabe el nombre de Dios y todo el ejército de Satanás huirá por la carretera. ¿No le gustaría ver las luces traseras del diablo y sentir el chirrido de su salida apresurada, con ansiedad, dolor, culpa y miedo dentro de sí?

Puede ocurrirle a usted; ¡extraño, pero verdadero!

12

Adoración en la oscuridad

DOCE

Adoración en la oscuridad

E S DIFÍCIL QUE USTED PUEDA ENCONTRAR una familia cristiana más hermosa: marido, esposa y tres niños maravillosos. ¿Quién podría haber previsto lo que les esperaba? Y ¿quién podría explicar por qué?

Ocurrió cuando la copa de felicidad de la familia estaba rebosando. Las oraciones de la mamá por otro bebé habían sido contestadas. Los médicos le dijeron que el cuarto hijo, un varoncito, estaba en camino. Marido y mujer estaban ocupados planificando la llegada. Y el mejor momento para hacer ese tipo de planes eran en las caminatas juntos.

Aun antes del embarazo, la pareja había disfrutado regularmente de salidas diarias después de la cena, lo que les permitía hacer ejercicios y charlar. Ahora con el anunciado bebé, la mamá sentía que el ejercicio suave tenía más razón de ser. Pero esa noche, mientras se dirigían a la puerta, sonó el teléfono. Era un importante llamado de negocios que papá esperaba. «Vete adelante», dijo a su esposa, con su mano tapando el teléfono. «En un minuto te alcanzaré trotando».

Pero la conversación telefónica requirió más tiempo del esperado. Solo algunos minutos adicionales, minutos trágicos.

En el mismo pequeño vecindario, un adolescente introducía el auto de la familia en el camino de entrada a la casa. Al salir vio el raspón en el guardafangos. Lo que vio confirmó sus peores sospechas.

Mientras conducía, el joven sintió un extraño golpe. Nada había visto, pero sintió como si el auto hubiera golpeado un perro, un alce o algo por el estilo. Eso le dijo a su padre pocos momentos más tarde. Al padre no le gustó el sonido. «Entremos en el auto y sigamos el recorrido que hiciste. Necesitamos saber qué fue lo que rayó el guardafangos».

Salieron y siguieron la ruta que el joven había recorrido. Mientras iban lentamente encontraron un vecino que parecía buscar algo. El padre bajó la ventanilla y le preguntó qué buscaba.

«Busco a mi esposa», dijo el vecino. «Íbamos a salir a caminar un rato, pero ella vino adelante mientras yo contestaba el teléfono. Ahora no la he podido encontrar».

Sí, el siguiente punto de la historia es obvio. Después de otro momento, encontraron lo que buscaban. Su cuello estaba roto y ella yacía en la cuneta, muerta. Una hermosa madre cristiana llevó en su seno al otro mundo el hijo que nunca vio la luz del día. Dos familias distintas estaban quebrantadas por el dolor.

¿Por qué han de suceder cosas como esa en el mundo? ¿Por qué le pasa a gente buena? ¿Cómo podía Dios, que es amoroso y misericordioso, permitir algo así?

Cuando escuché la historia la primera vez, agité la cabeza con mucha tristeza. Sin embargo es una de tantas historias que usted y yo escuchamos en la vida, en realidad, cada año. Creo que usted también podría contar una historia tan verdadera como trágica. La mayoría conocemos el sentimiento de catástrofe personal en forma demasiado íntima.

La historia misma no es difícil de creer; lo que encuentro más asombroso es la secuela.

En una pequeña iglesia bautista de esa misma comunidad, unas pocas semanas después, un día domingo un hombre se puso de pie para hablar a la congregación. Toda la iglesia guardó silencio cuando vieron quien era el que se levantaba y caminaba lento y triste pero con decisión. Aclaró la garganta y comenzó a hablar de la bondad de Dios. Alabó el nombre del Señor soberano que rige cada parte de este mundo y cada parte de nuestra vida. Ante sus maravillados amigos y conocidos, testificó de la *bondad* y *gracia* de Dios en tiempos de sufrimiento y pérdida. Para Dios sea la gloria, siempre, en los tiempos difíciles y en los buenos.

La vida tiene sus holocaustos, eso no es novedad. La verdadera historia es la persistencia de la gloria que surge de las cenizas. ¿Cómo es que dentro del contexto de lo peor que la vida puede ofrecernos, muchas personas vienen a amar y a glorificar a Dios con mayor profundidad?

MÁS PROFUNDO QUE LA DUDA

No conozco los porqués ni los motivos del mal que se permite que nos aflija. Es un enigma cuyas respuestas no serán resueltas en esta vida. Pero la peor miseria es sobrepasada por la maravilla de la fe. Nos maravillamos cuando las personas miran al cielo después de haber sufrido un accidente, y murmuran: «*De todos modos*, ¡alabado sea el Señor!»

¿Recuerdan la historia de Job? En medio de su prosperidad vino una inesperada tragedia. Perdió su ganado, sus siervos y finalmente sus hijos. En cuestión de horas, casi todo lo que tenía, todo aquello por lo que había trabajado, fue arrasado. Esto es lo que respondió:

> Entonces Job se levantó, y rasgó su manto, y rasuró su cabeza, y se postró en tierra y adoró, y dijo: Desnudo salí del vientre de mi madre, y desnudo volveré allá. Jehová dio, y Jehová quitó; sea el nombre de Jehová bendito.
>
> —JOB 1:20-21

Pero ese fue un personaje bíblico de la antigüedad, ¿verdad? No, Job fue un ser humano histórico que se vio enfrentado a pruebas como las personas de todos los tiempos lo hacen. Pero también sabemos que personas de todos los tiempos, y no solo Job, las han enfrentado en el poder y la fuerza de la adoración. Como Job, no han negado su tristeza, la han expresado. Se han desplomado envueltos en lágrimas y luego se han puesto de rodillas en adoración. Una mente dispuesta diariamente para la adoración nos permite ver los altibajos de la vida con la misma lente que miró Job. Nos ayuda a ver que desnudos vinimos al mundo y nada merecemos por derecho. «Cuando no sabéis lo que será mañana. Porque ¿qué es vuestra vida? Ciertamente es neblina que se aparece por un poco de tiempo, y luego se desvanece» (Santiago 4:14).

Ese es solo el punto de partida. Somos polvo que vamos a ser cenizas, sin embargo, el Señor mismo nos cuenta como dignos de su amor. Enfrentamos todo tipo de pruebas, pero el Dios Todopoderoso viene a consolarnos. Y como cristianos, sabemos que la muerte no ha escrito aún el último capítulo. Así, en el fondo mismo del abismo más profundo sentimos nuestro dolor y nuestra ira. Levantamos el puño contra el cielo por un momento, y luego el cielo aún está allí. Dios sigue siendo todopoderoso, y nos dará el poder para prevalecer. Podemos ver esto solo cuando vivimos cada día en el espíritu de adoración. Nos permite ir por medio de la tormenta y decir: «¡Sea el nombre de Jehová bendito!»

El profeta Habacuc fue uno que levantaba su puño. Fue uno de aquellos que se atrevió a cuestionar a Dios, un profeta menor con preguntas mayores. Sostuvo un diálogo con el Creador que constituye todo el libro del Antiguo Testamento. Es una gran lástima que su conversación con Dios esté en uno de los sectores más descuidados de las Escrituras. Deberíamos ir allí con más frecuencia.

Uno de los elementos más intrigantes de este libro es que parece tener origen musical. Habacuc 3:19 nos dice que fue escrito para «el músico principal», y el único otro lugar donde encontramos la anotación musical «selah» es en el libro de los Salmos. Así, lo que tenemos aquí parece ser una especie de dúo entre Dios y su hijo que pregunta, según queda escrito para el uso del pueblo. En su overtura inicial, por lo menos, es música de miseria. Sin embargo, es también la fuente de cierto gozo, porque este libro es la fuente del texto de la reforma protestante. Está en Habacuc 2:4b, donde leemos «el justo por su fe vivirá», grito de guerra del movimiento iniciado por Martín Lutero y Juan Calvino que redescubrieron el sacerdocio de todos los creyentes.

¡PERDÓNAME POR PREGUNTAR!

El nombre Habacuc significa literalmente «el que abraza». ¡Qué imagen maravillosa! Porque aquí hay un hombre que viene a Dios con todas sus preguntas no contestadas. Finalmente entiende que las respuestas deben esperar, por lo menos el resto de lo que dure la vida sobre la tierra. Pero por ahora, está el abrazo de amor de Dios. Finalmente descubrimos que para nosotros el abrazo es suficiente, como lo fue para Habacuc. Si la overtura es remordimiento, el final es un himno de victoria, una oda a la victoria.

Habacuc mira su mundo y pregunta: «¿Por qué los malos parecen prosperar? ¿Por qué la persona no adecuada parece tener todas las recompensas y los buenos soldados logran trato rudo?»

Nosotros también vemos mucho mal: pornografía, drogas, violencia, crímenes y una franca rebelión contra Dios y sus leyes. Miramos hacia arriba y preguntamos: «¿Señor, harás algo al respecto?»

Habacuc tiene esas preguntas, y su respuesta es orar. Pero después de un rato le queda la impresión que Dios no tiene interés en sus oraciones. «¿Cuánto he de orar?» Pregunta Habacuc con frustración. «¿Has oído una palabra de lo que he dicho? Te he presentado la impiedad de la tierra, ¿por qué no haces algo?»

Finalmente Dios responde a las preocupaciones de Habacuc, pero este no queda satisfecho con lo que oye. Parece que a medida que halla las respuestas alguien ha cambiado las preguntas.

Comienza con promesas. Dios dice a Habacuc que sea paciente, porque Él está por hacer algo increíble. «Asombraos», Él dice (Habacuc 1:5) y agrega: «porque haré una obra en vuestros días, que aun cuando se os contare, no la creeréis». Pero los malvados recibirán lo que les corresponde.

Hasta aquí todo va bien. Pero entonces viene la parte que debe haber atragantado a Habacuc. Dios lanza esta bomba: «He aquí, yo levanto a los caldeos» (Habacuc 1:6).

¿Los *Caldeos*? ¿Estás bromeando, Señor?

Los caldeos que venían de la parte sur de Babilonia, eran el pueblo más malvado del mapa. Dios una vez envió a Jonás a Nínive, y Jonás emprendió viaje en el sentido opuesto. Había una razón que cualquier profeta que pensara bien querría no tener nada que ver con esa nación. Como Jonás le dijo después a Dios, era inconcebible pensar que los caldeos pudieran escapar del juicio. Eran personas que sacrificaban niños y los ofrecían a sus ídolos. Eran personas que hacían carnicería con sus enemigos en la batalla, mucho más allá de las costumbres de guerra de la época. Parecían no tener conciencia, ni remordimientos, y no eran renuentes en arrollar a cualquiera nación que tuvieran en lista. Efectivamente, el temor era que los caldeos podrían encerrar al mundo conocido con su poder militar y con su salvajismo.

Pero Dios no se ha olvidado de esto. En realidad, Él clasifica inmediatamente las atrocidades de los caldeos. Pero de todos modos los va a utilizar.

Habacuc mueve la cabeza tratando de asimilar todo eso:

¿No eres tú desde el principio, oh Jehová, Dios mío, Santo mío?
No moriremos. Oh Jehová, para juicio lo pusiste; y tú, oh Roca,
lo fundaste para castigar.

—HABACUC 1:12

Allí tenemos lo que podríamos llamar la overtura de esta ópera filosófica. El resto de la partitura es un dúo entre Dios y Habacuc que trata con preguntas que ya han sido planteadas. Reconocemos bien la melodía. La mayoría nos hemos encontrado cantándola, con un verso diferente, pero lo mismo que el primero.

POR EL CAMINO ALTO

Una de las cosas que me gusta es hablar en conferencias bíblicas. Por una razón: Me gusta enseñar la Biblia. Pero además debo reconocer que prefiero enseñar la Biblia en un escenario hermoso de retiro. Hay campamentos localizados en medio del verdor entre hermosas montañas, donde Dios pinta el escenario, como lo dice la antigua canción de Rodgers y Hart. En una visita, puedo salir y caminar por los bosques, una verdadera delicia. Puedo disfrutar de la brisa, sentir el crujido de las hojas bajo mis zapatos, y disfrutar la hermosa obra de arte del cielo.

En tales caminatas, he hallado que no es raro llegar a un lugar húmedo y cenagoso donde los movimientos son traicioneros. Los exploradores expertos saben todo sobre estas situaciones. Lo primero que se debe hacer es buscar un pequeño lugar que esté sobre el nivel del agua, un lugar que permanezca seco y cómodo. Un poco de observación cuidadosa le mostrará que los puntos secos siguen un cierto patrón, y el caminante experto se puede mover de uno a otro lado sin hundirse en la ciénaga.

Eso es lo que Habacuc hacía. Buscaba un patrón seguro y consolador que le ayudara a llevar su camino en medio del pantano de problemas. En los versículos 12 y 13, establece varios de los «puntos altos» de su Creador:

Él es eterno.
«¿No eres tú desde el principio?»

Él es santo
«Oh Jehová, Dios mío, Santo mío».

Él es soberano
«Para juicio lo pusiste».

Él es poderoso
«Lo fundaste para castigar».

Él es puro
«Muy limpio eres de ojos para ver el mal».

El camino de Habacuc como profeta se había tornado traicionero. Alrededor de él, todo terreno parecía arena movediza. Pero él sabía que esos cinco lugares eran seguros. Podemos ponernos en lugares firmes con estos sólidos fundamentos. Podemos seguir moviéndonos cuando nada a nuestro alrededor parece ser confiable. ¿Cuántas veces he hecho lo mismo? Muchísimas, para contarlas, y espero que usted haya hecho lo mismo.

Cuando enfrentamos una crisis terrible, una horrenda calamidad, nos detenemos para examinar los más elementales comunes denominadores de la fe. La muerte nos mira de frente, *pero Él es eterno.* Estamos rodeados de tanta maldad, *pero Él es santo.* Las ratas siguen ganando la carrera de ratas, *pero para juicio los pusiste.* Cuando parece que todo el mundo se hunde en la ciénaga, no tenemos que permanecer en el valle.

Podemos andar en las alturas, como los ciervos. Podemos levantar nuestros ojos y nuestro espíritu y recibiremos confianza. El nombre de Habacuc significa «el que abraza». Pero también significa «el que se aferra». Podemos aferrarnos a Dios por la querida vida, y podemos hacerlo poniendo los pies sobre cada uno de esos principios.

PRIMEROS PASOS

Es verdad en cada parte de su vida. En su matrimonio, su familia, su trabajo y su salud, por ejemplo, usted puede hacer memoria y recordar los puntos altos y los lugares pantanosos. Yo también puedo recordar algunos de esos lugares bajos. He despertado con la sombría comprensión que yo estaba sobrellevando en ese tiempo. Es terrible iniciar el día con pensamientos lúgubres, pero a todos nos pasa. En tales ocasiones, he plantado mis pies sobre la suavidad de la alfombra, y conscientemente he dirigido mis pensamientos en esta dirección:

Señor, hoy me siento muy ansioso; tengo temor de sufrir un traspié. Pero he decidido poner mi pie en lugar firme según tú me guías. Solo tú me pastorearás en lugares de delicados pastos, y me llevarás junto a aguas de reposo. Solo tú puedes confortar mi alma. Tú conoces las profundas y molestas emociones que siento. Sabes que ando en valle de sombra de muerte ahora mismo, pero siempre estarás conmigo. Decidí estar firme en tu santidad. Decidí estar firme en tu bondad, fidelidad y soberanía. Es un valle tenebroso y bajo, pero me llevarás seguro. Hoy utilizaré tu Palabra como lámpara a mis pies y lumbrera a mi camino. Esa luz me guiará a los lugares más altos, y no me rendiré ante las arenas movedizas que me rodean.

Permítame dejarle los primeros pasos que lo llevarán del pantano y la miseria a lo elevado y seco. Cuando descubra que está sumergido profundamente en las dudas, y Dios ya no parece ser real para usted, concédale importancia y siga esos pasos desde la preocupación angustiosa hasta la adoración:

1. *Reconozca* la duda en que ha caído. No niegue sus emociones ni trate de desecharla por sus propios medios. Solo se hundirá más y más en las arenas movedizas. En cambio, dígale exactamente lo que hay en su mente, directamente y en voz alta. Reconozca sus frustraciones con Dios. Haga un inventario de las cosas que le hacen tener sus entrañas hechas nudos. Usted no estará contando sus bendiciones tanto como «angustias». Esto no es la llegada. Es solo un comienzo.

2. *Reconozca* ante Dios lo mismo que usted se ha dicho interiormente. No se preocupe, Él es muy grande y lo tomará; de todos modos, Él sabe lo que usted siente. Solo despeje el aire entre su Señor y usted.

3. *Atribuya* a Dios sus diversas características. Tome el pasaje que hemos estudiado, u otro pasaje de las Escrituras que tenga una lista de sus atributos. Encontrará muchos en los Salmos. Pruebe el Salmo 8. Haga una lista de las características de Dios y medite en ellas, una por una. ¿Qué significa que Él es santo? Tome un diccionario y busque cada una de dichas palabras; le ampliará su perspectiva a medida que las busca. ¿Cómo es Él soberano? ¿Cuáles son las consecuencias de su naturaleza eterna?

4. *Aplique* estos atributos a su situación en particular. Si Dios es santo, ¿cómo le afecta eso a usted? Si es eterno, ¿qué le dice eso acerca de su problema? Si es soberano, ¿qué debería sentir acerca de las cosas? Tome toda la inseguridad. Toda la ansiedad, su estado actual con todos sus detalles y póngalos en contraste con la perfección de Dios. Ese es un gran paso. Lo deja muy cerca de la adoración que purifica.

5. *Agregue* el atributo final. Dios es amor. Lea 1 Juan 4:16-18a, y dé un paso gigantesco hacia ese lugar elevado en la Palabra de Dios. Aférrese de él: «Y nosotros hemos conocido y creído el amor que Dios tiene para con nosotros. Dios es amor; y el que permanece en amor, permanece en Dios, y Dios en él. En esto se ha perfeccionado el amor en nosotros, para que tengamos confianza en el día del juicio; pues como él es, así somos nosotros en este mundo. En el amor no hay temor, sino que el perfecto amor echa fuera el temor». Si ahora mismo se da a la tarea de memorizar este pasaje implantándolo en su corazón, usted estará preparado para los incontables valles que le depara el futuro.

6. *Permanezca* en el amor de Dios, como Juan nos exhorta. Imagine el amor de Dios expresado en sus grandes brazos que lo envuelven y lo protegen. Él es amor y Él echa fuera el temor. Permita que fluyan las lágrimas si vienen. Que le laven las impurezas que le apartan de sus amorosos brazos.

7. *Adórele.* Cante sus canciones favoritas de alabanza. Lea los pasajes favoritos de la Biblia acerca de la adoración. Dígale a Dios que lo ama, y exprésele su gratitud por todo lo que Él hace por usted.

Estas son las trincheras de la adoración en la experiencia cotidiana. Si da los siete pasos con sinceridad y decisión, le garantizo que usted se hallará en la presencia transformadora de Dios. Y le garantizo que saldrá como una persona nueva con perspectivas nuevas y fuerzas nuevas. Contemplará la vida desde los lugares altos, y respirará el aire más limpio y delicioso que pudiera hallar. Contemplará, casi, las riquezas de la eternidad misma, y ningún problema del mundo lo dominará, como ocurría antes.

Espero que no piense en Habacuc el profeta de elegante vocabulario. Las palabras que nos dio son palabras de poder. Nos conectan a la verdad de Dios que tan fácil olvidamos, y nos dan algo de qué asirnos cuando nos estamos hundiendo rápido. Aférrate a la santidad de Dios. Plantas tus pies en la soberanía de Dios y abrázate de su pureza.

Por la justicia de Jesús,
la sangre que por mí vertió
alcancé perdón de Dios
y cuanto bien nos prometió.

Así turbado no veré
mi paz, su incomparable don;
aunque un tiempo oculto esté,
me dejará su bendición.

En la tormenta es mi sostén.
El pacto que juró y selló
su amor es en mí supremo bien,
su amor que mi alma redimió

Que solo Él rescata sé,
segura base es de mi fe.
En mí no puede haber jamás,
ninguna base real de paz.
La Roca eterna que me da,
base única que durará.[1]

13

Conocimiento y confianza

TRECE

Conocimiento y confianza

BRUCE LARSON CUENTA LA HISTORIA de una grata visita al Golfo de México. Por lo menos comenzó en forma muy agradable. El peligro nunca envía avisos anticipados; salta sobre nosotros en forma inadvertida.

Larson tenía un bote, y repentinamente lo divisó alejándose. Por algún motivo no había asegurado el pequeño velero, y la corriente se lo llevaba. Impulsivamente, Larson saltó al agua y nadó para recuperarlo.

No se dio cuenta lo lejos que el bote se había desplazado, ni a qué distancia de la playa ya había nadado en su decidida acción. De pronto se dio cuenta que la distancia hasta un lugar seguro excedía enormemente el resto de fortaleza en su cuerpo. Ya no tenía fuerzas suficientes para nadar de regreso a la playa. *Bueno, este es el fin,* pensó mientras las olas lo azotaban y lo subían y bajaban. *Nada me queda; estoy acabado.* Las olas eran altas de verdad, y el cielo estaba oscuro.

Entonces la voz de Dios trajo una palabra de salvación.

Aquí estoy, Larson, imaginó que la voz le decía, *y no vendrás a casa tan pronto como piensas. ¿Puedes mantenerte a flote?*

Larson había pensado solo en nadar, no en mantenerse a flote en el agua. Hubiera gastado toda la energía y luego se hubiera ido al fondo como una piedra, si hubiera tratado de nadar. En cambio, se relajó y siguió flotando en el agua mientras las olas lo empujaban a un lugar seguro.[1]

La historia de Larson me recuerda un juguete para niños pequeños, una trampa china para dedos. Es un colorido tubito de lino; usted pone un dedo en cada extremo. El niño se ríe de alegría cuando no puede sacar los dedos. Mientras más tira, más lo aprieta la trampa. Después de un momento los saca; sencillamente es cuestión de relajar los dedos y dejar que se deslicen fácilmente.

Quizá usted sea una persona enérgica como yo, y quizá su tendencia sea arremeter frenéticamente en cualquier dirección cuando se encuentra en una mala posición. Con mucha frecuencia, el verdadero peligro está en nuestros vigorosos esfuerzos por arreglar las cosas. Como Larson, cometemos el error de descansar en nuestra fortaleza. La liberación llega en la actitud silenciosa de oír lo que Dios dice. Con mucha frecuencia, si nos relajamos y confiamos, nos hallaremos flotando hacia un lugar seguro.

Pero, ¿confiamos realmente? Esa es la pregunta del millón, y es el problema que nos ocupará en este capítulo.

Habacuc, como aprendimos en las páginas anteriores, tuvo una primera reacción muy similar a la de Larson. Arremetió. Pensaba en función del poder y la lógica de los hombres: *¿Cómo puedes permitir esto, Dios? ¡Nuestra nación está frente a un grave peligro! ¿Cómo puedes, de entre todos lo pueblos, usar a los caldeos?*

A lo cual la voz de Dios responde en esencia: *Habacuc, aún estoy aquí. Relájate. Flota por unos minutos y observa las maravillas que voy a hacer.*

DE POR QUÉ A ASOMBRO A ADORACIÓN

El libro de Habacuc muestra cómo transitó desde el por qué hasta el asombro, y luego finalmente, a la adoración. Cada uno de nosotros enfrenta dolores y tragedias. En el momento de una pérdida terrible, nos preguntamos cómo podemos seguir viviendo.

Sin embargo, vemos a personas sabias capaces de adorar en medio de las lágrimas del dolor. El dolor es real, pero ese dolor está sobre una poderosa fe en que Dios es bueno y que todo tiene sentido. ¿Cómo enfrentamos el holocausto del 11 de septiembre de 2001? Hasta donde llega mi conocimiento, no hay menos cristianos que antes de esa fecha. Por el contrario, muchos individuos vinieron a la fe, o revivieron su fe, en medio del terrible ataque y de la tragedia nacional. La catástrofe no removió nuestra fe. Solo la fortaleció, porque nos volvimos con nuevos anhelos y una nueva dependencia a aquel que nos abraza. Y descubrimos que sus brazos son fuertes para sostenernos, así como Él ha sostenido a sus sufrientes hijos durante tantos miles de años. La historia trae perspectiva, pero tenemos que dejar que Él nos sostenga. Tenemos que confiar.

Cuando Dios comenzó a hablar con Habacuc, el cambio en el profeta fue dramático. Comenzó a ver con nuevos ojos. Escuchen el final de este libro:

> Aunque la higuera no florezca,
> Ni en las vides haya frutos,
> Aunque falte el producto del olivo,
> Y los labrados no den mantenimiento,
> Y las ovejas sean quitadas de la majada,
> Y no haya vacas en los corrales;
> Con todo, yo me alegraré en Jehová,
> Y me gozaré en el Dios de mi salvación.

Jehová el Señor es mi fortaleza,
El cual hace mis pies como de ciervas,
Y en mis alturas me hace andar.

—HABACUC 3:17-19

¿No son maravillosas estas palabras? Es absolutamente uno de mis pasajes favoritos de la Palabra de Dios. El profeta dice: «Pueden fallar nuestras cosechas. Nuestro ganado puede faltar. No importa lo que ocurra, alabaré a Dios. Llegará el día cuando me lleve a las elevadas alturas del gozo».

Esta es la expresión extrema de la fe y la adoración. Habacuc reconoce que los tiempos pueden ser buenos, que puede haber tiempos malos, y las circunstancias pueden variar, pero nada de eso debe afectar nuestra alabanza y adoración. Nuestra adoración sigue constante, porque Él permanece constante. Por eso Job puede perder su familia, sus amigos, su hogar y todas sus posesiones, y con todo, amar a Dios en toda su profundidad. Por eso un hombre puede ver a su esposa que pierde la vida violentamente, ver su cuerpo destrozado en una cuneta con un hijo que aún no ha nacido y levantarse a proclamar que Dios no es menos fiel, que no tiene menos amor.

Por eso los que no conocen a Dios se ven consumidos por el fuego de la vida, mientras que los que confían en Dios salen refinados por el mismo fuego. Es el poder del conocimiento y la confianza.

EL SECRETO DE LA FORTALEZA INTERIOR

Todos sabemos que las personas y su fe son como árboles en un bosque. Algunos se desarraigan en cuanto el primer viento fuerte los azota. Otros tienen una fortaleza profunda desde sus fundamentos, y siguen en pie firmemente. Sus raíces son profundas; su corteza solo se hace más gruesa.

¿Qué es lo que hace la diferencia? ¿Cómo pueden algunas personas seguir alabando a Dios aun cuando la vida se hace cruel y ruda? Es uno de los grandes secretos de la vida, pero podemos encontrar pistas en los tres breves capítulos de Habacuc, donde se lleva a un hombre de la tragedia al triunfo, del pesar a la adoración, de la preocupación a la alabanza.

De todas, esta es la pista mayor: *Adoramos a aquel en quien confiamos, y confiamos en aquel a quien conocemos.*

¡Pare! No lea en forma apresurada; tómese un momento para que esa afirmación se asiente. Las profundidades de su sabiduría son engañosas. La adoración solo es validada por su constancia. Todo el que ha asistido a un campamento de la iglesia como adolescente y ha tenido la proverbial experiencia «en la cumbre» puede decirle lo fácil que es adorar en las elevadas alturas emocionales. Por unos pocos días se divierte con sus amigos. Oyen una predicación poderosa. Escudriñan las Escrituras y pronto, por vez primera, logran ver la realidad de Dios con la intensidad del rayo láser. ¡El resultado es el éxtasis! Es el primer brote del amor de Dios por medio de la adoración. Y, por cierto, al final el consejero se pone de pie junto a la fogata y da el terrible mensaje sobre «el regreso al valle». Los recuerda, ¿verdad? «Muchachos, es fácil adorar a Dios aquí en la cumbre del monte. Pero mañana, ustedes estarán de regreso con sus familias, de regreso junto a sus amigos que no son de la iglesia. Es mucho más difícil aferrarse de la fe cuando están en el valle».

Por cierto el consejero es sabio. Pero es necesario que llegue un momento en la vida, más allá en el camino de bajada, cuando nuestra fe penetra la piel, cuando filtra hacia el alma de modo que, aun en los peores tiempos, aun en el valle, alabamos y adoramos a Dios. La alabanza no es la respuesta a las circunstancias favorables; es el elemento que va cada vez más profundo, y da el tono de nuestro enfoque de las circunstancias.

¿Cómo logramos ese nivel de fe? Escuchen atentamente otra vez: *Adoramos a aquel en quien confiamos, y confiamos en aquel a quien conocemos.* Alcanzamos este nivel de fe porque edificamos la confianza, y edificamos la confianza porque pasamos tiempo con Dios. ¿Recuerda la experiencia de conocer a su mejor amigo o amiga, quizá la persona con quien se casó? Al principio hubo ocasiones «de prueba». No descargó sus pensamientos más profundos porque no sabía si podía confiar en su nuevo amigo. Ay, tenemos menos relaciones con personas que hallamos en el camino, porque traicionan nuestra confianza en alguna manera. Pero su mejor amigo o amiga ha sido esa persona que se ganó su confianza, y usted lo confirmó a través del tiempo y las lágrimas de esa relación.

El mismo principio vale en la relación con Dios. Debe llegar a conocerle antes que pueda confiar en Él de manera real, verdadera y profunda. Entonces, y solo entonces, usted podrá adorarle en espíritu y en verdad. Solo entonces podrá usted decir una paráfrasis de Habacuc para el siglo XXI: «Aunque pierda mi trabajo, a mis seres amados, y todo lo que tengo: seguiré amando a Dios por sobre todas las cosas. Todavía le alabaré con la voz más alta que pueda emitir. Y Él me levantará, porque yo sé en quien he creído y estoy convencido de lo que es capaz».

NO ES LO QUE CONOCE, SINO A QUIÉN CONOCE

Llegamos a un tema importante para los cristianos de hoy. Los que asisten a mi iglesia suelen decirme que fueron atraídos por nuestro énfasis en la Palabra de Dios, y así es en realidad. «No predicas tu opinión, tus modas, ni tu gusto de la fe», me dicen. «Entramos en la Palabra de Dios y vemos exactamente lo que Él tiene que decir». Nuestros miembros afirman que aprenden mucho de la Biblia con la simple asistencia a nuestros cultos.

Eso es bueno. Pero no basta.

Es posible concentrarse tan intensamente en conocer *acerca* de Dios que no logramos conocer *a* Dios. La diferencia es de magnitud eterna, infinita. Es la diferencia entre ver un cuadro antiguo ya desteñido de un pariente lejano y sentarse en las piernas del abuelo. Es la diferencia entre leer un informe científico y estadístico sobre las vitaminas que contiene el bistec de ganado vacuno y dar un mordisco a un hermoso bistec de lomo recién sacado de la parrilla. Es la diferencia entre conocer los hechos acerca de Dios y disfrutar de su poderosa presencia.

Creo que los cristianos evangélicos modernos son mucho más culpables de una seca fe intelectual de lo que quisieran reconocer. Al fin y al cabo, nos da una mayor sensación de seguridad limitarnos a recibir información sobre el Señor. Como criaturas humanas, nos sentimos atraídos a Él desde el día que nacimos, aun antes de darnos cuenta. Anhelamos llenar el vacío que está en el centro de nuestro corazón y nuestra alma. Hacemos un largo viaje hasta la sala de su trono, y en la puerta nos detenemos. Somos como el cobarde León que hubo que arrastrarlo a la gran sala donde tenía su base el Mago de Oz. *¿Qué va a decir Dios? ¿En que forma interferirá en mi vida?* En lo profundo de nuestro interior, tenemos miedo de acercarnos al trono, de estar a su alcance. Y aquí volvemos al tema de la *confianza*.

Para confiar en Dios debemos conocerle. Pero para llegar a conocer a Dios primero debemos confiar en Él, por lo menos un poquito, ¿correcto? Algunos pasamos toda nuestra vida espiritual dando vueltas alrededor de ese círculo.

¿Recuerda cuando aprendió a andar en bicicleta? Era una cuestión de confianza; nada más, nada menos. Llegó el momento en que tuvo que sacar las rueditas de apoyo, poner sus pies en los pedales y dejar que la bicicleta adquiriera velocidad por la calle. Reconózcalo, usted estaba aterrado. Quizá papá o mamá intentaron toda maniobra y hablaron todo lo que podían pensar en un desesperado intento de darle seguridad. Pero usted tenía que confiar en la bicicleta. Tenía que comprender que si se caía —una, dos veces— iba a lograr un excitante paseo, con los árboles que pasaban raudos y el viento que le despeinaba el cabello. Valía la pena aprender a girar.

Usted quería aprender a andar en bicicleta, pero primero tuvo que tener confianza en la bicicleta misma. Ningún libro de texto, ninguna palabra paterna de consejo iba a lograr su misión. Pero una vez que la adquirió, después de dar el primer salto de fe, nunca volvió a perder la aptitud para andar en bicicleta. ¿Por qué? *Confianza.*

Mi iglesia, como la mayoría, está llena de gente maravillosa, muchos de los cuales conocen íntimamente al Señor. Ellos han emprendido el maravilloso viaje, y sienten el estimulante viento del Espíritu Santo que sopla a través de sus vidas. Pero estoy seguro que hay muchos otros que tienen miedo de sacar las ruedecillas de apoyo. Esas ruedecillas nos permiten presumir que andamos en bicicleta, pero sabemos que no es remotamente lo mismo que realmente manejar la bicicleta.

Para disfrutar la plenitud de la adoración, debemos confiar en aquel que adoramos. Para confiar en Él, debemos conocerle. ¿Le ve a esto el sentido? ¿Ha sentido alguna vez como si lo supiera todo acerca de Dios, pero sus oraciones nunca pasaron del cielo raso? ¿Ha cantado un himno sin poder hacer que las palabras cobren vida? ¿Ha comprendido que sus devocionales matutinos se han convertido en un seco estudio de la Biblia más que en una cálida visita a su Padre celestial? Usted quería adorarle en espíritu y en verdad; se sentía bien en lo último, pero no en lo primero.

Necesitamos la verdad; necesitamos una teología sana. Es esencial la información correcta. Pero por sobre todo, necesitamos *relación.* Cuando entramos en su poderosa y amorosa presencia, nunca lucharemos por confiar en Él otra vez; nunca más tendremos que tomar un curso de repaso sobre el manejo de la bicicleta.

LECTURA ENTRE LÍNEAS

Supe de una joven a la que le gustaba leer. Un día una amiga le compró un libro con las más altas recomendaciones. «Este es un libro que debes leer», dijo la amiga. «Es necesario que lo leas esta semana».

La joven leyó el libro con mucho trabajo. Su costumbre era no poner un libro en la estantería mientras no lo hubiera terminado, aun cuando tuviera que luchar para llegar al final. Eso fue lo que hizo. Era el libro más aburrido que había llegado a sus manos. Era una alegría volver a lo habitual.

La semana siguiente la amiga pasó a buscarla para llevarla a una fiesta. La joven tenía la esperanza de no hablar sobre el libro, porque entonces tendría que dar una opinión honesta. Pero la amiga no lo mencionó. Los pensamientos de la joven pronto estuvieron en otras cosas, porque halló que el anfitrión era fascinante. De hecho, a las pocas semanas se enamoró de él. Toda radiante, le dijo a su amiga lo que ocurría. Su amiga se rió a carcajadas

—Yo sabía que te iba a gustar el libro, pero ¡no creí que lo ibas a tomar tan a pecho!

Sorprendida la joven preguntó:

—¿De qué estás hablando?

—¡Ah! Creo que olvidé decirte la razón por la que te llevé ese libro. Fue para ayudarte a que tuvieras tema de conversación en la fiesta. El autor no es otro, sino tu nuevo amor.

No es necesario decir que la joven se precipitó hacia el estante y tomó el libro para leerlo por segunda vez con renovado interés. En el curso de la noche absorbió cada palabra una vez más. Era el mejor libro de todos los que había leído. Lo volvió a leer ocho veces y compró ejemplares para todos sus conocidos. Su copia está amorosamente dedicada por el autor.

Hay una gran diferencia entre conocer a alguien a simplemente conocer sus palabras. A esta altura de mi vida tengo gran caudal de información sobre las Escrituras, y siento reverencia por cada palabra de ese Libro. No me puedo imaginar un día sin abrir sus páginas. Pero si no conociera al autor, ¡qué fríos me parecerían esos antiguos capítulos! ¿Por qué habría de leer Nahum o Habacuc? ¿Por qué tendría que seguir leyendo los Evangelios, las epístolas de Pablo trescientas veces?

Vea usted, me he enamorado con el Autor que nos dio esos escritos, y eso produce toda la diferencia. Su inscripción amorosa está en mi corazón.

¿CAPTÓ LA IDEA?

No hace mucho, estaba leyendo sobre la vida del Conde Von Zinzendorf, el hombre clave en el nacimiento de la moderna Iglesia Morava. Tenía un gran corazón misionero más que cualquier cristiano, y envió nuestros pioneros espirituales a la América primitiva y a otros lugares. Esto fue mucho antes que nacieran los modernos servicios misioneros. Von Zinzendorf era un hombre piadoso, y su énfasis nunca se apartó de su directo y personal conocimiento de la persona de Cristo.

Un día el Conde visitó un museo de bellas artes. Cruzó las puertas temprano en la tarde, y estaba aún allí cinco horas más tarde. Pero no había mirado todas las pinturas ni todo lo que se exhibía. Se había quedado todo el tiempo en un solo punto, sin siquiera moverse a izquierda o derecha. El encargado del museo comenzó a preocuparse. Era la hora de cerrar, y ese hombre silencioso estaba arraigado en un punto como si fuera también algo para exhibición, quizá una estatua finamente esculpida, solo que estaba sentado en el suelo, mirando un cuadro.

El encargado siguió su mirada y vio un fino lienzo inspirado en el libro de Apocalipsis. El tema era el santo Cordero de Dios. El Conde Von Zinzendorf debía de haber memorizado cada pequeño detalle a esa hora. El encargado caminó hasta ponerse detrás de él, y suavemente puso una mano sobre su hombro, y comenzó a hablar. Pero ahora vio algo que no había notado previamente: por las mejillas de Von Zinzendorf rodaban lágrimas.

Debajo del cuadro había una inscripción: «Si Él se preocupó tanto por ti, ¿cuál es tu preocupación por Él?».

Era claro que Von Zinzendorf había dedicado cinco horas a la meditación en esa pregunta. Estaba perdido en medio de la grandeza del amor de Cristo, que había dado su todo por él. Perdida la noción del tiempo, quizá olvidado del lugar donde estaba, el conde adoraba profunda y emocionalmente.[2]

Me habría gustado ver la pintura. Pero quizá no hubiera tenido el mismo impacto sobre usted o sobre mí. Es enteramente posible que no fuera una obra de arte particularmente notable. Creo que la pintura conmovió tan profundamente al Conde Von Zinzendorf porque el tema del lienzo le era ya muy querido, su Maestro, su gran amor y su amigo más íntimo. El Conde sabía relacionarse con Dios y alabarle en cualquier lugar que estuviera, aun en un museo de arte. Usted y yo podemos tener puesto el sombrero de admiradores del arte, y no se nos hubiera ocurrido adorar a Dios, aun cuando nos encontrásemos con un lienzo con contenido espiritual. Pero su «sombrero de adoración» siempre debiera estar en su cabeza. Un cielo hermoso, la sonrisa de un amigo, o una tarea cumplida son todas razones por la que necesita un momento en su día para la maravilla de la adoración.

Puede que actualmente sea una lucha. Pero el día que usted se pare delante de Él y le mire profundamente a los ojos, toda su desconfianza y toda ambivalencia desaparecerá. Su única preocupación será el deseo de tener lenguas mil para cantar su alabanza. Conocerá las profundidades mismas de la adoración en verdad, pero también en el espíritu.

14

A la puerta de la eternidad

CATORCE

A la puerta de la eternidad

Y ASÍ, EN LO PROFUNDO de nuestra exploración nos hallamos de regreso al lugar donde empezamos: el umbral de la gran sala del trono de Dios. Sería bueno volver a leer el primer capítulo en que damos el primer paso en la presencia del Rey de reyes. Estuvimos con Juan, el discípulo amado, en el escenario descrito en Apocalipsis 4. Con profunda reverencia entramos en la gran sala llena de luz, donde los ángeles asisten al Rey que está sobre todo rey y alaban el nombre que es sobre todo nombre.

Solo basta una sencilla lectura de Apocalipsis 4:1-11 para sentir que el escalofrío de la emoción recorre nuestra espina dorsal. ¡Imagínese estar allí! Al final del capítulo 4 de Apocalipsis (y recuerde que las divisiones de la Biblia en capítulos fueron añadidas centenares de años más tarde) Jesús dijo a una de las siete iglesias: «He aquí, yo estoy a la puerta y llamo» (Apocalipsis 3:20a). Él ha hecho una invitación. Simplemente abra la puerta, invítelo a pasar, y Él entrará y cenará. Es una imagen cálida, íntima de nuestra comunión con el Salvador.

Pero ahora en Apocalipsis 4, hay un cambio. Somos nosotros los que estamos a la puerta. Somos nosotros quienes entramos a su hogar.

Daniel Baumann dijo: «La adoración es una escalera con movimiento en las dos direcciones: Dios viene al hombre, el hombre va a Dios»[1]. En Apocalipsis no se trata de una escalera, sino de una puerta.

Juan describe la puerta como abierta, un portal que comunica al cielo con la tierra. Luego oye una voz «como de trompeta», que le dice: «Sube acá, y yo te mostraré las cosas que sucederán después de estas» (Apocalipsis 4:1c). Inmediatamente, nos dice Juan, él está en el Espíritu; y contempla el trono y al Rey que se sienta en él. Por cierto, esta escena supera a toda descripción, pero el trono está bañado con el resplandor del arco iris, como dice Juan. Resplandece como una esmeralda.

Solo cuando hubo asimilado esto, solo cuando cayó de rodillas y comenzó a llorar, Juan se da cuenta de los otros tronos menores, veinticuatro en total. Allí hay grandes hombres sentados, vestidos con deslumbrantes ropas blancas. Coronas de oro brillan en sus cabezas. En cualquier escenario del mundo ellos mismos parecerían dignos de alabanza; aquí uno casi se olvida que los elegantes ancianos están en la presencia de su Rey.

Desde el trono salen relámpagos. Los truenos rugen por todas partes, y hay voces celestiales. Son los sonidos de una tormenta celestial, la tormenta del juicio inminente. Y hay muchas cosas que nosotros, junto con Juan, luchamos por entender. «Y delante del trono ardían siete lámparas de fuego, las cuales son los siete espíritus de Dios» (v. 5b). Delante del trono hay un resplandeciente mar de cristal, y luego están los seres vivientes, las criaturas más extrañas que vieron los ojos de Juan. Uno es como un león, otro es como un becerro, otro tiene aspecto de hombre y el cuarto parece una gran águila. Pero todos tienen muchos ojos «alrededor y por dentro», y todos tienen seis alas. Estas criaturas están dedicadas totalmente a la adoración por toda la eternidad y cantan:

Santo, santo, santo
es el Señor Dios Todopoderoso,
el que era, el que es, y el que ha de venir (v. 8b).

Los cuatro seres vivientes dan siempre gloria, honra y acción de gracias al Rey. Mientras lo hacen, los veinticuatro ancianos con aspecto de reyes, siguen el ejemplo. Caen sobre sus rostros delante del trono, y ponen sus coronas de oro sobre el mar de cristal. ¿Reconoce usted la escena descrita en el himno «Santo, Santo, Santo»? El canto de los ancianos dice:

Señor, digno eres
de recibir la gloria y la honra y el poder;
porque tú creaste todas las cosas,
y por tu voluntad existen y fueron creadas (v. 11).

Así que estamos con Juan, y lo asimilamos todo, o por lo menos hacemos el intento. Quizá la escena nos absorbe. Porque la pregunta es: ¿Cómo saldríamos después de contemplar tal espectáculo? ¿Que ocurriría si usted y yo estuviéramos de verdad por solo un instante en la sala del trono de la eternidad? La invitación está abierta. Jesús está a nuestra puerta; golpea y espera entrar a nuestra humilde morada. Entonces deja su puerta entreabierta, y nos invita a salir por un momento de este mundo temporal, caído, para contemplar la verdadera majestad desvelada que está en el centro del cosmos: el resplandor deslumbrante del arco iris, el rugido del relámpago y el trueno, el reluciente mar de cristal delante del trono, todos los reyes y criaturas de la creación entregados a una humilde adoración.

¿Qué cambios le produciría?

UNA AUDIENCIA CON EL REY

La Universidad Wheaton en Illinois tuvo un rector piadoso y lleno de gracia llamado V. Raymond Edman. Fue misionero, presidente de universidad, educador, autor y amigo de innumerables cristianos e interesados por igual. Billy Graham lo llamó el cristiano más notable que había conocido. Siendo una especie de leyenda silenciosa entre los evangélicos de su tiempo, el Dr. Edman escribió una cantidad de libros muy apreciados por quienes conocían su amor y dedicación a Cristo. El rector murió en 1967 en el escenario más adecuado que se pueda imaginar, aunque fue traumático para quienes estaban allí. Murió mientras predicaba en el servicio de capilla en Wheaton. Su tema era la adoración.

Esa mañana el Dr. Edman contó una anécdota personal. Se trataba de su reunión con el rey de Etiopía varios años antes. A fin de tener una audiencia con el rey, debía observar un estricto protocolo. Si no lo cumplía y seguía según su propio criterio, se le juzgaba indigno de entrar en la presencia del rey. El Dr. Edman trazó entonces un paralelo con la asistencia a la capilla los días de semana. «Ustedes tienen una audiencia con el Rey de reyes», dijo. El rey de Etiopía o de cualquier otra nación caería sobre su rostro y lanzaría su corona en la presencia del Todopoderoso.

El Dr. Edman se preguntaba si los que estaban en la audiencia comprendían realmente el reverencial acto de adoración. Siguió dando algunas sugerencias prácticas del modo de actuar para que el servicio de la capilla fuera más significativo, y cómo llegar a una mejor comprensión de estar en la presencia transformadora de Dios. Así fue que, en medio de su sabio y piadoso consejo, Edman partió de entre ellos hacia el trono celestial. Había partido a encontrarse con el Señor cara a cara. Fue la última y más grande ilustración de un sermón que V. Raymond Edman haya usado.

En esa época, este acontecimiento gozó de mucha publicidad. Muchos periodistas cristianos y líderes reflexionaron en lo ocurrido, y muchos de ellos ofrecieron virtualmente las mismas palabras. La observación era que ciertamente el Dr. Edman había tenido una transición directa a la presencia de Dios, como todo hombre lo quisiera. Su vida la pasó adorando como su estilo definitivo de vida: la adoración por medio de las misiones y el evangelismo, adoración por medio de la amistad, adoración por medio de la enseñanza, adoración por medio de la continua alabanza y adoración a su Hacedor. El amor del Dr. Edman a Dios era prioritario y de suma importancia, aunque no tenía escasez de amor para ofrecer a los que estaban a su alrededor. Parecía estar en la presencia de Dios en el momento que murió, y se fue a disfrutar de esa presencia en el nivel final y más elevado. Todo en su vida conducía lógica y coherentemente a ese momento cuando su gozo finalmente se completó.[2]

En el culto tradicional, generalmente tenemos tres puntos de énfasis: alabanza, oración y predicación. Cuando este mundo pase, y entremos en la presencia de Dios por toda la eternidad, solo uno de los tres grandes pilares de la adoración permanecerá: la alabanza.

¿Predicación? Ya no tendremos necesidad de ella, porque entenderemos completamente. Supongo que tendré que buscar otro trabajo, porque no habrá lugar para sermones en el cielo.

¿Oración? No necesitaremos confesar; no necesitaremos suplicar. Y en función de la comunicación con Dios, ¿para qué hablar por teléfono cuando se está en la presencia misma con la otra parte?

Sin embargo, una parte de la oración es alabanza y adoración. Continuará en forma infinita, hasta lo más profundo de la eternidad misma.

UN LIBRO DE PUERTAS

Me gustaría parecerme a V. Raymond Edman. Me gustaría que mi vida fuera una línea continua de alabanza y adoración que lleva a su lógica culminación, para que mi transición a la presencia de Dios sea directa. Si la ocupación en la alabanza llega de aquí a la eternidad, entonces es una ocupación verdaderamente seria. Y necesito saber más del modo de adorar y alabar a mi Padre, porque es tarea esencial que relaciona mi vida temporal con la vida eterna.

Quizá la alabanza sea la puerta de acceso hacia el nuevo mundo. En el capítulo 4 de Apocalipsis, para Juan todo comienza con una puerta abierta de este mundo al siguiente. En este lado, la Isla de Patmos, en el otro, los pasillos del Paraíso. Sus ojos deben haber estado desorbitados; su corazón latiendo en forma extrema. ¿Cómo podía ver tal cosa y vivir? El mayor milagro de todos es que podemos estar de pie al lado suyo. Por medio de la hermosa poesía que el Espíritu Santo nos dejó de su mano, podemos ver todo lo que Juan vio. A través de esa puerta abierta podemos atisbar en la eternidad.

A Juan se le puede llamar el portero del Nuevo Testamento. En la carta a la iglesia de Filadelfia, Juan menciona una puerta abierta puesta delante de ellos, una puerta de oportunidad. En su carta a la iglesia de Laodicea, como ya mencionamos, Jesús está a la puerta y llama. Y en Apocalipsis 19, habrá otra puerta más. Jesús hará una carga montado en un caballo blanco para vencer al enemigo y comenzar el estableci- miento de su reino en la tierra. Apocalipsis habla de portales por los que Cristo cruza nuestros umbrales, y nosotros cruzamos los suyos, una puerta giratoria entre el cielo y la tierra.

A través de la increíble puerta descrita en Apocalipsis 4, Juan es tes- tigo de la pasión extrema y del esplendor de la adoración. Las imágenes son tan ricas que luchamos por retener todo en nuestra cabeza. Las ideas son tan profundas que luchamos por enfrentar sus consecuencias en nuestra vida y cómo cambiará esta de allí en adelante.

Hemos notado el mar de cristal, las coronas y los seres vivientes. Pero la palabra clave, el concepto que está en el centro mismo, es real- mente la palabra trono. Es el centro en todo el libro de Apocalipsis. Si las diversas puertas simbolizan el viaje, el trono señala el destino final. La palabra se encuentra más de cuarenta veces en Apocalipsis. Habla de soberanía, reinado y orden. Nos recuerda que, en medio del caos de la tierra, hay un reinado absoluto en el cielo.

Nuestro Señor todavía reina; nunca ha dejado vacante el trono. Con todo lo que Juan ve y todo lo que lo maravilla, la imagen central es ese trono y el hecho de que no está vacante. Si llevamos con nosotros siempre la imagen del Señor en su trono, nunca nos amedrentaría el pánico. Nunca cederíamos ante la ansiedad ni la desesperación. Podemos pensar que los locos administran el asilo aquí en la tierra, pero Dios sigue siendo el soberano.

IMÁGENES ESPLENDOROSAS

Notamos otro punto interesante. En medio de toda la descripción —las criaturas con muchos ojos, los ancianos vestidos de blanco, el resplandeciente mar de cristal— no hay una descripción del que se sienta en el trono. De todo el consejo de las Escrituras sabemos que ningún mortal ha visto a Dios, y sigue viviendo. Moisés tuvo que mirar desde el ángulo oscuro de una cueva para tener una rápida imagen de la gloria de Dios que pasaba. Aquí, Juan no puede describirnos el aspecto del Rey en la visión. Dios se describe siempre en terminología puramente simbólica, para que no seamos tentados a crear imágenes de Él y comprometer su santidad y perfección que están lejos, fuera de nuestro alcance. No podemos adorar lo que encaja cómodamente en nuestras concepciones.

Así, Juan no nos puede decir cómo apareció Dios en algún sentido literal, porque no hay sentido literal en las capacidades humanas de percepción. Pero Él puede decirnos, en una forma indirecta, que Él «era semejante a piedra de jaspe y de cornalina» (Apocalipsis 4:3a).

¿Por qué Juan hace tal comparación? Lo que llama piedra de jaspe en una aproximación moderna que equivaldría a un diamante, resplandecientemente hermoso, de muchas facetas que proyecta sus destellos brillantes de luz sobre las grandes murallas como si danzaran. La otra piedra, «cornalina», podría ser lo que ahora es un rubí. Se le dio el nombre de «sardio» también por el pueblo donde fue hallado. El rubí es encendido y brillante, y complementa el blanco resplandor proyectado por el diamante.

Según el modo de evaluar de los hombres, esas imágenes podrían ser consideradas poesía, pero son solo crudos símbolos de la magnificencia que Juan contempló. Limitados por nuestra humanidad, no podemos imaginar algo mucho más majestuoso que las piedras más finas, comprimidas a través de innumerable eones en el seno de la tierra. Así, Juan vio el fuego perfecto y el blanco resplandor que emanaban del trono y de la persona de Dios, y estas son sus palabras —las palabras del Espíritu Santo— que nos ayudan a mirar como por espejo, oscuramente, y tratar de entender.

Enseguida llegamos al maravilloso arco iris «semejante en aspecto a la esmeralda», que rodeaba el trono. Nuevamente Juan acude a la imagen de piedras preciosas. Tenemos el rojo ardiente del rubí, la resplandeciente danza del diamante, y el eterno verdor de gran belleza de la esmeralda, quizá sugiriendo que en su presencia, alrededor de su trono, la nueva vida es verde, ahora y para siempre.

El arco iris rodea el trono. Era un círculo no interrumpido, diferente de los arcos semicirculares que vemos en los días de lluvia. En el cielo, todo es completo, nada es interrumpido, todo es eterno. Juan pudo pensar en el pacto entre Dios y su pueblo. El arco iris había anunciado la permanencia de la promesa de Dios desde que la familia de Noé salió del arca. En el Antiguo Testamento, Dios dio el arco iris a Noé después de su primer juicio. No puedo evitar un poco de especulación: Para Juan, el arco iris servía como preludio del juicio final. El arco iris podría ser un recordatorio para Juan (y para nosotros) que, en medio de todas las cosas aterradoras que van a ocurrir en el destino final de la tierra, Dios aún ocupará su trono. El Señor, el Rey todavía reinará con mano firme. Él será de una vez y para siempre, el que guarda sus promesas.

DE REYES Y CRIATURAS

Juan vio el trono, el ardiente esplendor del rubí, la luz blanca, y la pureza eterna de la esmeralda. Vio la elegancia del arco iris que emana del trono. Entonces, cuando su percepción capta algo más de lo que hay alrededor, nota los tronos menores. Y en ellos vio a los veinticuatro ancianos.

A través de todos los años, esos ancianos han mantenido ocupados a los eruditos especulando sobre su identidad. ¿Quiénes eran estos hombres que mantenían el compañerismo con el Alfa y la Omega en la gran sala del trono? Creo que una cuidadosa lectura nos lleva a la conclusión de que representan a la iglesia del Dios vivo, la familia del rey. El capítulo siguiente de Apocalipsis ofrece una identificación bastante clara de los ancianos:

Y cuando hubo tomado el libro, los cuatro seres vivientes y los veinticuatro ancianos se postraron delante del Cordero; todos tenían arpas, y copas de oro llenas de incienso, que son las oraciones de los santos y cantaban un nuevo cántico, diciendo: Digno eres de tomar el libro y de abrir sus sellos; porque tú fuiste inmolado, y con tu sangre nos has redimido para Dios, de todo linaje y lengua y pueblo y nación; y nos has hecho para nuestro Dios reyes y sacerdotes, y reinaremos sobre la tierra.

—APOCALIPSIS 5:8-10

Su canción en particular nos dice quiénes son los ancianos. Vienen «de todo linaje y lengua y pueblo y nación», y han sido redimidos y puestos para reinar. Los veinticuatro ancianos son la iglesia del Dios vivo: usted y yo.

Pero, ¿qué de los seres vivientes? Juan nos habla de estas maravillosas e imponentes criaturas con seis alas y llenos de ojos, hechos con el aspecto de hombres y de las principales criaturas de la tierra. Ellos están totalmente entregados a alabar y a adorar a nuestro santo Dios. Juan ve y oye a los ancianos y a las criaturas que se postran delante de Él en una escena de radiante magnificencia. Nosotros necesitamos desesperadamente asimilar esas imágenes. Los espectáculos necios del cine y la televisión han querido representar a los redimidos en la nueva vida como personajes que usan túnicas de coro y alas emplumadas, parados en las nubes y cantando himnos. Nosotros comenzamos a murmurar sobre lo aburrido que debe ser estar allá. ¿Realmente queremos pasar la eternidad pulsando un arpa con comezón bajo las túnicas?

No es necesario que diga que no hay una base bíblica para una concepción tan mundana. Tenemos que desechar la caricatura y reclamar la imagen ardiente que da Apocalipsis de lo que es estar en la presencia del trono resplandeciente, caer sobre nuestras rodillas en la parte baja del mar de cristal, ante el esplendor de Dios cual arco iris, muy superior al del diamante, el rubí y la esmeralda, que no nos ciega, sino que nos da la visión última y verdadera. Entonces cantaremos en medio de lágrimas de gozo, y hallaremos a nuestro alrededor las almas de nuestros semejantes que se unen a nosotros en el canto. La perfecta armonía, formada por cada hilo de diferencia cultural, social y temporal, saldrá de los corazones y pulmones de ese coro celestial.

¡La canción será majestuosa! A través de una ventana veremos la tierra, los cielos, y que los agobiantes años pasan a ser penumbra y luego polvo. Y se nos dejará en la presencia del Rey para siempre jamás, y no habrá más lágrimas sino lágrimas cristalinas y puras de eternal gozo.

A la puerta de la eternidad

¡Santo, Santo, Santo! Señor omnipotente,
Siempre el labio mío loores te dará;
¡Santo, Santo, Santo! te adoro reverente,
Dios en tres Personas, bendita Trinidad.

¡Santo, Santo, Santo! en numeroso coro,
Santos escogidos te adoran sin cesar,
De alegría llenos, y sus coronas de oro
Rinden ante el trono y el cristalino mar.

¡Santo, Santo, Santo! por más que estés velado,
E imposible sea tu gloria contemplar,
Santo tú eres solo y nada hay a tu lado,
En poder perfecto, pureza y caridad.

¡Santo, Santo, Santo! la gloria de tu nombre,
Vemos en tus obras en cielo, tierra y mar.
¡Santo, Santo, Santo! te adora todo hombre,
Dios en tres Personas, bendita Trinidad.[3]

15

Perspectiva eterna

QUINCE

Perspectiva eterna

P AUL AZINGER ESTABA EN LA CÚSPIDE de su profesión, y esa profesión era altamente deseable: golfista profesional. Pero a los treinta y tres años enfrentó la crisis más grande de su vida. Le diagnosticaron cáncer.

Sé exactamente cómo se sintió. Cuando todo parecía apacible en mi vida, cuando mi ministerio parecía fructífero, enfrenté la misma perspectiva aterradora. Escribí esa historia con mayor detalle en otro libro, *A Bend in the Road.*[1]

Azinger había ganado un campeonato de la Liga Profesional de Golfistas, y tenía trofeos de campeón de diez torneos de la Liga. ¿Por qué ahora? ¿Por qué esto? Escribió:

> Me sobrevino un genuino sentimiento de miedo. Podía morir de cáncer. Entonces otra realidad me golpeó aun más fuerte. De todos modos, a la larga tengo que morir, sea de cáncer o de otra cosa. Es solo una cuestión de cuándo. Todo lo logrado en el golf llegó a ser insignificante para mí. Todo lo que quería era vivir. [2]

Azinger tenía un amigo íntimo llamado Larry Moody, que dirigía un estudio bíblico para los golfistas que estaban en el torneo. Moody había hecho una afirmación que cambió completamente el paradigma de Azinger sobre la vida y la muerte. Había dicho: «Azinger, no estamos en la tierra de los vivos y nos dirigimos a la tierra de los muertos. Estamos en la tierra de los que mueren tratando de llegar a la tierra de los vivientes».

Paul Azinger nunca había pensado de esa forma. Ni siquiera estuvo cerca de hacerlo. La afirmación de Moody hizo que reconsiderara completamente su enfoque de la vida mientras se sometía a quimioterapia, trabajó para recuperarse, y con el tiempo regresó al torneo de la Liga. Pronto estaba jugando golf nuevamente, como lo había hecho antes. Pero su perspectiva ya no era temporal. Escribió:

> He ganado mucho dinero desde que estoy en el torneo, y he ganado muchos de ellos, pero esa felicidad siempre es temporal. La única manera de tener un verdadero contentamiento es la relación personal con Jesucristo. No trato de decir que ya nada me importa y que no tengo problemas, sino que siento que he encontrado la respuesta al hoyo de los dos metros. [3]

Muchos vivimos bajo la ilusión permanente de que esta tierra, tan llena de dolor, es la tierra de los vivos. Sabemos que no es mucho, pero de todos modos es el hogar. Por otra parte, nada sabemos del otro mundo. Está velado en el misterio.

Pero debiéramos saber. Dedicamos la vida a estudiar la Palabra de Dios, le adoramos y esperamos estar en su presencia en la eternidad. Esta vida es solo un breve preludio, un insignificante grano de arena en comparación con la vasta e infinita playa de la eternidad. Es importante cómo vivimos hoy, pero, ¿por qué debemos tener miedo de la culminación final y gloriosa de la que esta vida es solo una insinuación? Tuve mi propio combate con una enfermedad que amenazó mi vida, y no tengo muchos deseos de dejar el ministerio que Dios me ha dado. Pero tengo una apreciación más profunda, y una espera que anhelo más, los goces que aún me están reservados. Ahora, después de mirar el rostro de la eternidad por medio de los numerosos momentos de ansiedad, siento que estoy en mejores condiciones de poseer la estructura mental que nos permite sobreponer la perspectiva divina sobre los detalles del momento.

Se llama perspectiva eterna, sin embargo, es la llave misma de la adoración de Dios en cada momento de su vida diaria.

ESCAPE DEL EXILIO

Volvamos por un instante a nuestro anciano amigo, Juan el Apóstol, que estuvo con nosotros en el umbral de la eternidad. Es interesante pensar acerca de su vida posterior, después que Jesús hubo ascendido al Padre.

Juan era parte del círculo íntimo de discípulos, uno de los que Jesús solía llamar para tareas especiales. Juan estuvo presente en Getsemaní. Estuvo allí, al pie de la cruz, mientras la mayoría de los discípulos se escondían, cuando Jesús le pidió que cuidara a su madre. Fue Juan el que le ganó a Pedro al llegar al sepulcro vacío. El «discípulo amado» suele describirse como amable y cálido, pero en realidad, Jesús les dio a Juan y a su hermano Jacobo el nombre de «hijos del trueno».

Y, ¿por qué no? Juan fue testigo de la sobrecogedora visión en el Monte de la Transfiguración. Estuvo y contempló la ascensión de Jesús al cielo. Pero Juan, y solo Juan, fue invitado a ver la más grande escena de alabanza y adoración en la sala del trono, como ya hemos detallado en el capítulo anterior. Efectivamente, vio el rayo y oyó el trueno que procedían del gran trono del Todopoderoso.

Pero la vida de Juan tuvo muchos quebrantos de corazón. Lo deste-
rraron a la isla de Patmos, lo separaron de sus amigos durante esa crisis
en la historia de la joven iglesia. Cada día tenía que preguntarse si sus
amigos aún vivían, o si el emperador romano Domiciano los había cap-
turado y ejecutado. Jesús había vivido, muerto y sufrido por su iglesia, y
ahora esta se encontraba bajo el ataque diario del Imperio. Esto también le traía dolor a Juan. Tampoco se hacía ilusiones acerca de lo que le
esperaba en el camino. En los comienzos de su ministerio, Jesús había
dicho a Juan y a su hermano que podrían beber de la misma copa que él
debía beber. Claramente se refería al martirio. Mientras tanto, Juan
enfrentó las sencillas pero importantes pruebas de la vejez.

Juan puede haber sido el último discípulo vivo, pero enfrentaba una
existencia diaria de creciente debilidad en un exilio doloroso, más aun
cuando veía que sus amigos morían en forma tan violenta en la persecución contra la joven iglesia.

Así Juan soportaba su vida en el exilio. Todos nosotros hacemos eso
en cierta forma; Pablo nos describe como ciudadanos de otro mundo,
extranjeros y advenedizos en este. En ese sentido todos somos exiliados,
pero estoy seguro que Juan sentía profundamente su extranjería más
acentuadamente con cada día que pasaba. Había sido testigo de la tragedia de la crucifixión y del triunfo de la resurrección, pero ahora, solitario, el mundo parecía bastante oscuro, hasta que un día la puerta del
cielo se abrió de par en par.

Repentinamente la luz del cielo penetró por la abertura de una
puerta que un momento antes no estaba allí. La voz le dijo que se le per-
mitiría entrar, «para ir confiadamente donde ningún hombre había estado antes». Estaría en el umbral de la eternidad para escribir lo que
veía, a fin de que innumerables generaciones aún no nacidas pudieran
tener una visión vicaria de las mismas maravillas que verían sus ojos.

Un momento antes, el anciano Juan podría estar lamentando su
reumatismo. Quizá sentía el dolor de sus articulaciones, o podría

haberse estado revolcando en la cama a través de otra noche de inquietud. Sus pensamientos pueden haber estado en sus amigos ausentes, en las tribulaciones o en la prisión. Quizá revivía los maravillosos días de la presencia física de Jesús y deseando que el tiempo no hubiera llegado y pasado con tanta rapidez. Si en algo se parecía a usted y a mí, Juan estaba inmerso en las desilusiones de este mundo, la tierra de los muertos. Y entonces, cuando la puerta se abre de improviso, Juan pasa el portal hacia una perspectiva eterna.

VISIÓN DESDE LO ALTO

En estos capítulos, por medio de mis limitadas habilidades de escritor, hemos tratado de estar allá con Juan. Le hemos llamado a capturar en su imaginación las visiones que se permitió que Juan tuviera, porque para eso quedaron escritas en la Biblia. El Cordero nos invita a entrar y a adorar. Quiere que estemos ante su trono y que cantemos alabanzas, que disfrutemos de la liberación que ocurre cuando se arraiga en nosotros una perspectiva divina.

Podemos suponer que Juan nunca más volvió a ser el mismo. Como Paul Azinger y muchos otros, un momento increíble de revelación personal le mostró la diferencia entre la tierra de los vivos y la tierra de los muertos, y ello marcó toda la diferencia. No necesitamos vivir con el polvo de la muerte gobernando nuestros sentidos. Si aprendiéramos a adorar, a echar delante de Él nuestras coronas terrenales y a exaltarlo en todo lo que hacemos, traeríamos un poco de eternidad a la tierra de los muertos. Hallaremos nuevo vigor, nuevo aliento, y un nuevo gozo para enfrentar las situaciones diarias de la vida.

La gran tarea de la humanidad es de adoración y alabanza, pero eso no tiene como consecuencia el abandono de la vida normal y el trabajo; los transforma en algo totalmente nuevo. Al estar siquiera un momento en la compañía del Rey, quedamos bañados de una perspectiva eterna.

Como expresa en esencia un himno «las cosas de la tierra extrañamente se oscurecerán a la luz de su gloria y gracia». Esa luz lo lava todo y se nos muestra con nueva iluminación. Su ocupación le parecerá nueva; usted trabajará mejor y en forma más eficiente, pero su ocupación ya no se adueñará de su vida. En la vida familiar ejercerá sus funciones con más amor, pero no será dominado por sus presiones. Será un mejor amigo, mejor ciudadano y un hijo más fructífero del Reino de Dios.

Cuando usted logre esa perspectiva, comenzará a estar consciente de la infinita diferencia entre lo eterno y lo temporal. Las cosas temporales nos abaten con su peso, pero a la luz de la eternidad son pequeñas. En la alegoría de C. S. Lewis *The Great Divorce*. Un personaje tiene la misma experiencia de Juan a las puertas del cielo. Ese hombre toma un autobús hacia el paraíso y descubre que es una tierra más plena y poderosamente real de lo que cualquiera pudiera imaginar. Es una tierra donde todo es brillante, gigantesco, donde todo es una explosión de colores, y se expresa en sus más plenas consecuencias. Sin embargo, en comparación, descubre que el infierno no es más que una partícula de polvo. Es pequeño, porque el infierno siempre se ocupa con pequeñeces. Constantemente se dobla sobre sí mismo y se hace más pequeño, aun cuando traga almas desventuradas. [4] De la misma manera, nuestras vidas se empequeñecen y se limitan más cuando somos tomados por el mundo y sus engaños. Hay menos color. No hay gozo alguno.

Cuando leemos Apocalipsis 4, por otra parte, nos sorprenden el brillo, los colores, las proporciones gigantescas de todo lo que Juan nos permite ver. Solo podemos maravillarnos, y adorar. Repentinamente todo lo de este mundo —todo lo que no forma parte del propósito de Dios— parece pequeño y lastimoso en contraste, indigno de nuestro interés.

Quizá usted haya estado en la cumbre de las Montañas Rocosas o en lo alto del Gran Cañón y queda incapacitado de hablar. Es saludable absorber la perspectiva más extensa. Nuestra vida transcurre más o menos en pequeños cubículos. Tenemos pensamientos pequeños y nos damos pequeños placeres. Queremos hallar el gozo extremo que solo se puede conseguir por medio de una perspectiva eterna. Uno de los subproductos verdaderamente maravilloso de la adoración es que la vida se vuelva expansiva y hermosa nuevamente. Es como la Navidad que usted perdió cuando dejó de ser niño.

¡Grandioso! Pero, ¿cómo lo hacemos para que suceda?

LA MIRA EN LA ETERNIDAD

Pablo nos dice en Colosenses 3:1-2, que pongamos la mente en las cosas eternas, no en las terrenales. Después de todo, dice, hemos resucitado con Cristo. Nuestro espíritu habita con Él en los lugares celestiales; ¿por qué habríamos de sentirnos cómodos en la cloaca? En ese mismo pasaje, Pablo se refiere a Cristo sentado a la diestra del Padre. Dice, allí es donde debemos poner nuestra mente. Otra vez la idea es que nos arrodillemos ante el trono eterno, como Juan.

Todo esto parece altruista y piadoso, pero, ¿cómo lo traducimos a términos humanos y prácticos? Aún tenemos trabajos que cumplir, hijos que alimentar, esposa a quien agradar, y un hogar para mantener. Vivimos en un mundo real con problemas reales.

Por eso es precisamente que debemos aprender a adorar en la vida cotidiana como un estilo de vida. Aun cuando participáramos en un culto de adoración maravilloso y poderoso una vez por semana desde la banca de la iglesia, no sería suficiente. El Espíritu de Dios nos acompaña dondequiera que vamos, y podemos adorarle en el medio mismo de nuestra vida diaria. La lista que les ofrezco a continuación es muy práctica, pero no es exhaustiva. Estas ideas son para iniciar su vida de alabanza, y recomiendo que usted seleccione unas pocas y las ponga inmediatamente en uso.

- *Adore a Dios por medio de la música.* En un capítulo anterior mencioné cuánto dependo de la música piadosa para la adoración y la alabanza. Le recomiendo que busque un casete o un CD que le inspire realmente y lo transporte a la presencia de Dios; apéguese a él por lo menos durante una semana. Hay mucha música de alabanza por ahí, pero le recomiendo que elija una grabación de canciones y le dedique realmente algún tiempo, escudriñando las palabras profundamente y adorando a Dios por medio de ellas. Después de un tiempo usted se sabrá la letra y podrá cantar aun cuando esté lejos de su estéreo. Esto es maravilloso para escuchar todo los días en medio del tránsito. ¿No le gustaría ver cómo son las horas de mucho movimiento si cada uno alabara a Dios mientras conduce?

- *Adore a Dios por medio de la memorización de textos bíblicos.* Puedo oír que usted gruñe: ¡Detente! Puedo decirle que no hay mejor uso de su tiempo que aprender de memoria los grandes versículos de la Biblia, y que penetren. Porque una vez que esos versículos han quedado grabados en su corazón, llegan a ser parte permanente de su ser. Usted le ha dado al Espíritu Santo un instrumento para alentarlo en su vida. Él le hará recordar esos versículos cuando los necesite. Pero en ese contexto, le recomiendo que memorice pasajes como Apocalipsis 4 o el Salmo 100, para que cuando esté a oscuras o esté en la ducha, pueda usarlos para adorar a Dios en cualquier lugar donde pueda estar. He leído historias de prisioneros de guerra que luchaban por recordar y luego intercambiaban versículos de la Biblia, y nadie podía quitarles la memoria. La Palabra de Dios se había convertido en parte de ellos, y los sustentó en medio de sus sufrimientos. Alimente su mente y alma con la eterna Palabra de Dios.

- ***Adore a Dios en intervalos diarios.*** La mayoría estamos familiarizados con la idea de un tiempo de quietud en la mañana o tiempo devocional. Estos momentos son esenciales para todo cristiano, pero la meta suya es alabar y adorar a Dios todo el día, no solamente en un segmento matutino. Señale momentos cuando sepa que puede detenerse y murmurar sus alabanzas a Dios o pueda cantarlas mentalmente o a todo pulmón. Por ejemplo, usted puede decidir que alabará a Dios cada mañana durante la ducha, durante su tiempo devocional, al comienzo del receso para un café, en la hora en que el tránsito es más complejo y antes de acostarse por la noche. Comience con tres o más de estos intervalos y haga un pacto firme de detenerse y adorar a Dios en los momentos designados. Lleve un Nuevo Testamento de bolsillo, o tarjetas con sus textos favoritos. Después de un tiempo, la adoración ocurrirá con más frecuencia que en los intervalos establecidos. Usted adorará sobre la marcha, constantemente.

- ***Adore a Dios por medio de recordatorios visuales.*** Todos necesitamos recordatorios en la vida. A veces puede tener la forma de imanes en el refrigerador, o tazas para café. Estas llevan dichos breves y recordatorios sobre la dieta o sobre la «Madre más grande del mundo». Le reto a ver cuántos recordatorios para la adoración puede insertar en su campo visual de cada día. Pero hágalo de una forma que no sea detestable para sus compañeros de oficina. Pero tenga una tarjeta con su texto para memorizar, o un salmo fijado con cinta adhesiva al monitor de su computador. Ponga un recordatorio en el refrigerador (y retire los que sobran). El espejo del baño es un buen lugar, igual que el tablero de su coche. Cada vez que vea uno de los recordatorios, será una invitación para detenerse u ofrecer alabanza y acciones de gracias a su Dios.

- *Adore a Dios por medio de grupos pequeños.* Converse con algunos amigos que sean de su mismo parecer, e invítelos a participar en su deseo de ser más dedicado a la adoración. Reúnase con ellos una vez por semana, a una hora conveniente, para concentrarse en la alabanza y la adoración. La mayoría de las veces enfatizamos el estudio bíblico en estos grupos, lo que está muy bien. Los necesitamos y debemos seguir con ellos. Pero quizá su grupo pueda tomar un tiempo para que se reorienten un poco más hacia la adoración. Si trabaja en una oficina, puede hallar un compañero o un pequeño grupo de creyentes que se reúnan quince minutos antes de la hora de entrada cada día para adorar juntos a Dios.

Le garantizo que si usted intenta por lo menos un par de estas iniciativas, su vida cambiará. Su ansiedad se disolverá. Adorará con alegría y comenzará a ser conformado a la imagen de Cristo.

LA COMPAÑÍA QUE USTED CONSERVA

Supe de un anciano que trabajaba por las noches en la limpieza de un edificio de oficinas. Jim, un ejecutivo, trabajaba con mucha frecuencia hasta tarde en la noche, y observaba al viejo que llegaba con sus traperos, su escoba y... una sonrisa contagiosa.

Jim estaba bajo grandes tensiones. Estaba trabajando incontables horas, pero no parecía ascender la escalera del ejecutivo con la velocidad deseada. Se estaba poniendo de mal genio y depresivo. Una noche, cuando en el edificio solo quedaban él y el anciano, se detuvo para observar al limpiador que se dirigía al baño a realizar los acostumbrados rituales de limpieza. Jim movió la cabeza y le dijo en forma de broma:

—No sé de dónde saca tanto gozo al fregar una letrina. ¿Qué habría que hacer para quitarle la sonrisa de la cara?

El limpiador se rió de buena gana; no se había ofendido.

—Nunca pensé en eso, señor —dijo—. Yo tuve algunos buenos trabajos. Conducía un camión. Se ganaba bien, tenía muchas horas para conversar con Jesús. Pero los tiempos eran malos, y perdí ese trabajo. Después trabajé en un parque público; también me gustaba. Mucho sol. Lo mejor de todo, cuando tomé ese trabajo, Jesús vino conmigo. Podía conversar con él mientras recogía las hojas secas y la basura con el rastrillo. Era hermoso. Pero no me duró mucho ese trabajo.

—La vida es difícil, ¿verdad? —dijo Jim, moviendo la cabeza—. Tiene que reconocer que a usted se le ha tratado muy mal.

—Ah, yo no sé eso —dijo el limpiador con una sonrisa lejana—. Ahora trabajo bajo techo, y eso es bueno los días de lluvia. A veces está oscuro y es solitario, pero Jesús está allí cada vez que lo llamo. Nunca me deja ni me abandona, ¿entiende lo que quiero decir? No sé; quizá yo pensara diferente sobre limpiar los servicios higiénicos si el Señor Jesús no estuviera a mi lado. Él va conmigo, conversa conmigo, y todo ese tiempo, señor, ¡me lo pagan! Tal como yo lo veo, ¿por qué no podría sonreír?

En hermosas palabras que parafraseamos anteriormente, la poetisa Elizabeth Barrett Browning dice:

La tierra está llena de cielo,
y cada zarza está encendida de Dios;
pero solo el que ve se quita el calzado,
los demás se quedan a arrancar moras. [5]

No sé lo que usted ve en las zarzas a su alrededor: si el fuego consumidor del cielo o simplemente las moras. Es una cuestión de si usted tiene una perspectiva eterna. Donde vaya, y lo que haga, el Señor Jesús quiere ser su compañero constante. Tiene la oportunidad de alabarle y adorarle a lo largo de todo el día. Una vez Él lavó los sucios pies de los discípulos, así que los detalles de su trabajo no tienen importancia.

Si usted solo practica su presencia verá que una perspectiva eterna se arraiga en su alma. Comenzará a ver el mundo con ojos celestiales. Las tribulaciones parecerán más triviales, y las bendiciones le resultarán más obvias. Verá a cada persona como Cristo la ve, y no se sorprenda si usted se encuentra lavando, con el tiempo, un par de pies.

Dondequiera que vaya, será un hermoso lugar para estar. Y cualquier cosa que haga se llenará de un gozo irreprimible, porque usted estará en la compañía del Rey.

16

Me maravillo mientras camino

DIECISÉIS

Me maravillo mientras camino

¡QUÉ VIAJE HEMOS DISFRUTADO JUNTOS! Sin embargo, ha sido solo el primer paso tentativo hacia un largo camino que le guiará gozoso a lo largo de esta vida y hacia la siguiente. Ciertamente es un paso en el sentido correcto.

A medida que usted peregrine por este mundo, le ruego que experimente la maravilla de la adoración cada momento de cada día. En el principio, usted descubrirá que se trata de una disciplina como cualquier otra. A veces habrá más poder de la voluntad que gozo. A veces podrá sentirse raro e incómodo, y decirse: «¿Es verdad, realmente? Nada veo en ello. No oigo la voz de Dios. No *siento* su presencia». Todos tenemos días como esos.

La búsqueda de Dios no tiene atajos. Usted simplemente debe seguir andando, buscando y anhelando. Manténgase en ello, y no se desilusionará. Escuche las palabras que Él suavemente susurra en su oído: «Yo amo a los que me aman, y me hallan los que temprano me buscan» (Proverbios 8:17). También le da esta promesa: «Entonces me invocaréis, y vendréis y oraréis a mí, y yo os oiré; y me buscaréis y me hallaréis, porque me buscaréis de todo vuestro corazón» (Jeremías 29:12-13).

Si usted toma en serio este nuevo estilo de vida, si usted no se conforma sino con vivir cada momento en la maravilla de la adoración, entonces eso es exactamente lo que va a necesitar: Buscar a Dios con todo su corazón. Le garantizo que Él no esta escondido; puede buscarlo en todos los lugares que le son familiares desde antaño. Repase sus grandes obras en la vida de otros, y reviva las grandes maravillas que ha realizado en su vida. Deje de oler las rosas, como dicen, y acuérdese de quién diseñó cada flor. Deténgase a contemplar unas cuantas puestas de sol adicionales, y mire con más detención para ver la presencia de Dios en la vida de los demás.

Búsquele en cualquier lugar y en todo lugar. Con el tiempo usted cultivará el sagrado arte de reunirse con Él en toda encrucijada, de sentir su aliento en cada viento; es el arte que hemos llamado perspectiva eterna. Cuando el camino se hunde hacia el valle, allí encontrará su mano consoladora. Cuando el camino se eleva a una cumbre gloriosa, allí celebrará su mano poderosa. A través del dolor y la victoria, cada nuevo paso le ayudará a conocerle mejor.

Entonces, usted se *maravillará*. Caminará por el desierto de esta vida, y se maravillará ante la pura magnificencia de su Dios, en su gloriosa altura, profundidad y anchura cuyas dimensiones son infinitas. Esta es una paradoja: Mientras más Él crece en su estimación, usted se sentirá más… ¿pequeño? No exactamente. *Amado*, es más cercano. Porque Dios es amor, y llegar a conocerle mejor, venir a adorarle con más constancia, significa estar más y más inmerso en su amor. Haga de la adoración la luz directora de su existencia misma, la meta de la misión de su vida, y conocerá el amor como nunca lo había conocido.

Y ¿qué ocurre con los que son más amados? Rebosan de lo que reciben. Empapan de amor a quienes rodean. Todos los que están cerca lo sentirán. Dios le amará con un amor que le moldeará, le esculpirá, y cada día que pase le dará forma a la nueva criatura a la imagen de Cristo. Usted amará a las personas, a todas las personas, como Cristo las ama. Usted se amará a sí mismo más profundamente, más apropiadamente, porque Dios le ama.

¿Qué más podría decirle acerca de las maravillas que tiene por delante mientras camina por la senda de la adoración diaria? Por ahora, debe estar dispuesto a detenerse a oír y comenzar a gustar. Hoy es el primer día del resto de su vida. ¿Qué ha planificado para la hora siguiente? ¿Para mañana? ¿La próxima semana? No importa los planes que tenga, son oportunidades para la adoración. Adoremos juntos, cada momento. Hoy o mañana, donde quiera que esté cuando se detenga a alabar el nombre de su Señor, la probabilidad es que yo esté adorando al mismo tiempo que usted, en conjunto con innumerables cristianos alrededor del mundo, elevando una armonía mundial de alabanza que es deliciosa a sus oídos. Y si el número suficiente de nosotros se une al coro, ¿qué milagros podrían venir a este mundo como retorno?

> Adorad al Rey, glorioso en lo alto,
> Alabad su maravilloso amor;
> Escudo y Defensor, Anciano de días,
> Mora en alabanzas, lleno de esplendor.

> Contad de su poder, cantad de su gracia,
> Vestido de luz, el espacio es su dosel.
> Sus carros de ira son las nubes del trueno,
> Y las tinieblas su sendero en alas de la tormenta

> ¿Quién tu cuidado abundante contar puede?
> Tu cuidado está en el aire, destella en la luz,
> Fluye desde los montes, y llega al valle,
> Destila dulce en el rocío y la lluvia.

Como débiles hijos del polvo, y frágiles,
En ti confiamos, no hallamos en ti falta:
Tus mercedes cuán tiernas, firmes hasta el fin,
Hacedor, Defensor, Redentor y Amigo.[1]

Notas

Capítulo 2: ¿Se ha maravillado alguna vez?

1. Bill Moyers, *A World of Ideas II*, PBS vídeo, citado en Freeman, Rusty, «Night of Wonder», *Journal for Preachers*, Advent 2000, p. 11.

2. Albert Einstein, citado en el libro de S. M. Ulam, *Adventures of a Mathematician*, Charles Scribner's Son, New York, 1976, p. 289.

Capítulo 3: Dónde establece su hogar un rey?

1. Fuente desconocida.

2. C. S. Lewis, *Reflections on the Psalms*, Harcourt, Brace & Jovanovich, New York, 1958, pp. 90,93.

Capítulo 4: Un templo sobre ruedas

1. Robert Boyd Munger, *My Heart—Christ's Home*, InterVarsity Press, Downer's Grove, IL, 1986.

2. C. S. Lewis, *The Screwtape Letters*, ed. revisada, Macmillan, New York, 1982, pp. 38-39.

Capítulo 6: Todo o nada

1. Robert E. Webber, *Worship Is a Verb*, Hendrickson Publishers, Peabody, MA, 1992.

Capítulo 7: Tierra santificada

1. Historia adaptada del libro de Norman Grubb, *C. T. Studd: Cricketer and Pioneer*, Christian Literature Crusade, Ft. Washington, PA, 1982, p. 46.

Capítulo 8: El idioma de los ángeles

1. F. Olin Stockwell, *Meditations from a Prison Cell*, Nashville, El Aposento Alto, 1954, citado del libro de Kenneth W. Osbeck, *The Endless Song*, Kregel, Grand Rapids, MI, 1987, p. 18.

2. Andrew Fletcher, citado del libro de Michael Coleman y Ed Lindquist, *Come and Worship*, Chosen Books, Old Tappan, N.J., 1989, p. 26.

Capítulo 9: Que el cielo y la naturaleza canten

1. «Our Daily Bread», 14 de junio de 1996.

2. John Wesley, *Select Hymns*, introducción, 1761, s.p.

3. Citado por Sammy Tippit en *Worthy of Worship*, Moody, Chicago, 1989, p. 90.

4. Biografía de Ira Sankey, tomada de www.swordoftheLord.com/biography.asp.

5. John Piper, *The Hidden Smile of God*, Crossway Books, Wheaton, IL, 2001, pp. 93-94.

6. Lindsay Terry, «A Son Written for One Family», *The Communicator*, Diciembre de 2001.

Capítulo 10: *¡Esto significa guerra!*

1. Historia adaptada del libro de Michael Coleman y Ed Lindquist, *Come and Worship*, Chosen Books, Old Tappan, N.J., 1989, pp. 74-76.
2. Donald E. Demary, *Alive to God through Prayer*, Baker Book House, Grand Rapids, 1965, p. 27.
3. Jack R. Taylor, *The Hallelujah Factor*, Broadman, Nashville, 1983, p. 31.
4. St. Ignatius of Loyola, *The Epistle to the Ephesians*, Capítulo XIII, líneas 93-94.

Capítulo 11: *Extrañas pero verdaderas historias de adoración*

1. Michael Coleman and Ed Lindquist, *Come and Worship*, Chosen Books, Old Tappan, N.J., 1989, pp. 80-83.

Capítulo 12: *Adoración en la oscuridad*

1. «The Solid Rock», letra de Edward Mote (1797–1874).

Capítulo 13: *Conocimiento y confianza*

1. Bruce Larson, Wind and Fire, citado por Hewett, James S., ed., *Illustations Unlimited*, Tyndale, Wheaton, IL, 1988, p. 189.
2. Joseph S. Carroll, *How to Worship Jesus Christ*, Moody Press, 1984, pp. 57-58.

Capítulo 14: *En la puerta de la eternidad*

1. Edward K. Rowell, ed., *Quotes and Idea Starters for Preaching and Teaching*, Baker Books, Grand Rapids, MI, 2000, p. 183.
2. Leslie B. Flynn, *Worship: Together We Celebrate*, Victor Books Wheaton, IL, 1983, p. 11.
3. «Santo, Santo, Santo», letra de Reginald Heber (1783–1826).

Capítulo 15: *Perspectiva eterna*

1. David Jeremiah, *A Bend in the Road*, Word Publishing, Nashville, 2000.
2. Robert Russell, «Resurrection Promises», Preaching Today (Casete 151).
3. *Ibíd.*
4. C. S. Lewis, *The Great Divorce*, Macmillan, New York, 1946.
5. Elizabeth Barrett Browning, «Aurora Leigh», no. 86, líneas 61-64, citado en Nicholson & Lee, eds., *The Oxford Book of English Mystical Verse*, Oxford, Londres, 1917.

Capítulo 16: *Me maravillo mientras camino*

1. «O Worship the King», letra de Robert Grant (1779–1838). Traducción libre.